ごまかし勉強

〈上〉学力低下を助長するシステム

藤澤伸介

新曜社

まえがき

今、「ごまかし勉強」をする子供たちの数が確実に増加しています。しかも、ことの深刻さに気づいている人は非常に少ないのです。これを何とか食い止めたいというのが、本書を書いた目的です。

「ごまかし勉強」とは、「手抜き勉強」「間に合わせの勉強」「一時しのぎの勉強」のことです。何とも良くない響きの言葉ですが、いずれにせよ、「見せかけの学力」を形成するための方便です。このような響きの良くない言葉にあえて触れるのはなぜかと言えば、それによって、現在進行しているさまざまな教育問題がよく見えてくるからです。

わけても最近盛んに指摘されているのが、子供たちの学力低下です。学校は長期間にわたって充分な学力をつけて、子供たちを世に送り出しているはずだったのに、必ずしもそうとは言えないという結果に、世間は驚いています。しかし、筆者にしてみれば、こうなることはしばらく前から充分に予測できたので、取り立てて驚きはありません。まともな学習をする子供がどんどん減ってきている以上、この学力低下現象は、これからますますひどくなると思われます。

親たちは以前にもまして子供たちの成績に気を配っていますし、教育熱心な先生はたくさんいます。塾通いの子供たちもまだまだ多いし、豊富な教材もあるというのに、なぜ全体として見たとき、学力低下が目立つのでしょうか。それは向けられているエネルギーの方向が間違っているからではないでしょうか。残念ながらこのことに気づいている人は少ないように見えます。

これまでは、教育の問題の悪の根源はすべて「受験制度」にあると簡単に決めつけられてきました。しかし同じ「受験」と言っても、中学受験、高校受験、大学受験でそれぞれ問題点は異なりますし、受験準備にもマイナス面だけでなくプラス面もあり、その両面を吟味する必要があります。ですが、そんな主張は一切聞き入れられず、「受験」と言えばすべて「悪」というステレオタイプの考え方が支配的でした。したがって、教育改革のエネルギーの大半は、いかにして受験制度を改善するかに向けられてきました。

ところが、教育改革が充分進まないうちに、幸か不幸か学齢期の子供たちの人口が減少し、受験競争が緩和されてしまいました。もし「受験が諸悪の根源」というマスコミを中心とした従来の信念が正しいならば、これで教育は正常化していなければならないはずです。しかし実際は教育現場の荒廃はますます進み、基礎学力さえついていない状況が現れ、どう考えてよいのかわからないというのが、世間一般の認識ではないでしょうか。

一般に社会現象は、さまざまな要因から成り立っており、そう単純にひとつの要因だけで説明できるものではありません。筆者としても、これがすべてだなどという気は毛頭ありませんが、学力低下の大きな原因のひとつは、「ごまかし勉強」をしておけばよいという子供たちの姿勢にあると考えています。

ではなぜ子供たちは「ごまかし勉強」をしているのでしょうか。はっきり言って、それは大人たちがさせているからです。しかもほとんどの大人には、「その方法がごまかしになるのだ」ということが自覚されていません。これは大問題です。ですから、本書には、まず多くの教育関係者に、このことに気づいていただきたいという願いが込められています。

筆者は、なぜこのことに気づいたのでしょうか。筆者が大学の教員なので、どうして子供たちの「ごまかし勉強」の実体を知っているのか不思議に思う方もおられるかもしれません。実は筆者は、ボランティア活動として、学習塾で学習を中心としたカウンセリングを行い、その関係で、中学生や高校生やその保護者の方々とも日常接してきたのです。したがって、一般の中学や高校の先生方が御存知ないような子供たちの楽屋裏事情まで、知り得る立場にあったのです。このように多くの人達の、中学入学から大学卒業時までの一〇年という期間の変化に、つき合っていることからわかることと、心理学における多くの学術成果とを総合すると、普通なら見えないものが、たくさん見えてくるのです。この「ごまかし勉強」の件もそれらのうちのひとつです。

筆者は「昔はごまかし勉強をする人がいなかった」などと主張するつもりはありません。三十代以上の読者の方々の中でも、一、二科目は思い当たることがあるかもしれません。でも、ごまかし経験は、決して小中学校ではなく、十代後半以降のことだったのではないでしょうか。しかも、価値のない無駄な科目と思った場合に限られていたのではないでしょうか。筆者は、先ほど述べたように中学生に接する機会が多いわけですが、近年「ごまかし勉強」をする中学生が急に増えている印象を強くもっています。そして驚くことには、この子供たちはもう小学生のときから「ごまかし勉強」をしてきているのです。当然筆者の接した生徒たちには、「ごまかし勉強」ではない「正統派の学習」を勧めるわけですが、一方で学校のクラスの友達の大多数が「ごまかし勉強」をしている状況、「ごまかし」でもテストが乗り越えられる状況があるので、この説得の試みはどんどん難しくなっています。しかも、よく聞いてみると親が「ごまかし」を子供に要求しているケースもありますし、学校の教員が生徒に「ごまかし」をさせているケースまでも出てきています。

一般に、子供の学業成績がよければ、大人はもうそれで教育の成果があったものと見なし、どうやってその成績を取ったかまでは問題にしないものです。しかし、実は成績優秀者でも「ごまかし勉強」による好成績ということが、最近は結構あるのです。良心的な学校の教師なら、「ごまかし」を発見すれば止めるはずだと筆者は思うのですが、教師たちは成績不振者の指導に追われていますから、気づいていないケースが多いのかもしれません。よく「受験秀才」という言葉が軽蔑的に使われることがありますが、この「ごまかし」の指摘をしているのだと思われます。

人間は、二四時間三六五日公明正大に生きているわけではありませんから、たまには「試験の準備が間に合わなくてついごまかす」ということがあっても仕方がないとは言えるでしょう。しかし「ごまかし」の方法しか知らず、それこそが本当の学習だと思い込んでいたとしたらどうでしょう。そういう子供が大きくなったら、また自分の子供に善意で「ごまかし」を教えるでしょう。そして驚くことには、この拡大再生産はもう始まっているのです。筆者の調査によれば、学校の教師や親にごまかしをやらされて「それこそが正しい学習法だ」と思い込んでいるケースが予想以上に多くあります。

これまでの筆者の認識は、「学校の教師は、自分の教えている教科では生徒にごまかしをさせないはずだ。」「だからごまかしをしている子供はそれほど多くない。」したがって、「気づいた教師がカウンセリングなどの個人的試みで正していけばよい。」ということだったのですが、残念ながら、これは現状認識として間違っていることがわかってしまったのです。つまり、多くの人に気づいてもらって、何とかしなければならない、社会問題といって構わないレベルに現実はなっているのです。

本書では、「ごまかし勉強」がどんなもので、その実態がどうで、いかに現在の学習環境が子供たちに「ごまかし」をさせているかを明らかにし、さらにはその対策まで考えようと思います。中には、「ごまかし」であっても、良い成績さえ取れれば何の問題もないと考える向きもあるでしょう。こういう考えが、いかに誤った考え方であるかについても、認知心理学の立場から反論をしておきたいと思っています。「ごまかし勉強」では本当の学力はつきません。にもかかわらず、それが本当の学習だと思い込んでいる子供たちがこのまま増加していったら、日本の将来は危ういという考えも、決して大げさではないということが、本書でおわかりいただければ幸いです。

本書をお読みいただいて、なるほどと思われた方は、ぜひ中学生や高校生にも本書を御推薦いただきたいのです。そう思って、学習の実例は中学の学習範囲に関連したものを選び、表現もできる限りやさしく書いたつもりです。

科学用語というのは一般に意味がわかりにくいものが多いものです。心理学の用語もそうで、たとえば「メタ認知」などはすごく重要な概念で、中学生にもぜひ知っておいてほしい内容なのですが、心理学を専門にする人以外は、見たり聞いたりしただけでは何のことかわからないに違いありません。それに比べてこの「ごまかし勉強」は、響きは良くありませんが、子供から大人まで、言われた方はすぐに何となく意味がわかるので、学習法に関するカウンセリングの際にこの言葉を使い始めて、もう二〇年近くになります。「学問を実践に役立てる」場合には、用語は誰にでもわかりやすいことが絶対必要です。

ただし本書を書くにあたって難解な言葉を完全に排除したわけではありません。一冊読む間に、五、六回辞書を引くぐらいのことは、中学生に要求しても構わないというのが、筆者の考えだからです。

また本書では、読者の方々に筆者の経験とそれによって得た認識が伝わるように、できるかぎり判断の根拠と実態とを示すように努力しました。それは、読者の方々に、本書を批判的に読んでいただきたいからです。教育関連の本には、著者の信念をただ書き連ねた独りよがりのものが少なくありません。宗教家が信者に向かって書くのならそれでもよいかもしれませんが、一般には、独りよがりを聞かされても時間の無駄になってしまうだけです。そうならないために、できるかぎり反論しやすいように、書いたつもりです。ただし、自分にとって当然の前提は記述漏れになる可能性が高いので、まだまだ説明が不充分かもしれません。そういう点については、読者の方々の御指摘と御教示によって正していきたいと考えています。

二〇〇二年一月

上巻目次

まえがき　i

第1章　勉強は、もううんざり　1

「学校に行きたくない」　1
不登校、中退の増加　3
登校者も学業にはうんざり　6
世界の中の日本　11
学習時間の減少　16
「分数ができない大学生」　19
本当に「心配ない」のか　24
学力低下をどう見るか　27

第2章 学習はどのように成立するか 29

学習の意義 29
記憶の特徴 32
学習の仕組み 40
学習観 42
学習動機 45
メタ認知 48
学習方略 49
相互影響 53
学習の好循環 56

第3章 中学生の家庭学習の変化 61

七〇年代の学習の主体 62
七〇年代のテスト準備 64
七〇年代の授業活用 67
七〇年代の受験準備と塾 68
九〇年代の学習の主体 72

九〇年代のテスト準備 78
九〇年代の授業活用 80
九〇年代の受験準備 81
八〇年代に何が起こったか 87

第4章 「ごまかし勉強」の意味と特徴 91

ごまかし勉強とは何か 91
温度計と学力検査 96
大学生に見られるごまかし 98
「東大生」のシケプリ 100
すでに中学生がごまかし 101
ごまかしの定義 103
ごまかし勉強五つの特徴 105
「ごまかし勉強」の実例 109
正統派の学習 113

第5章　書店の学参売り場から見える子供の変化　119

学参売り場の変化　119
新タイプの登場　121
旺文社の学参の変化　126
授業での実験の現状　130
生徒から見た実験　133
再び参考書の変化　136
原因か結果か　137
折り込み広告による傍証　139

第6章　ごまかし勉強の実態に迫る　141

正統派の学習の減少　142
正統派の学習の中身　147
ごまかし勉強を当人はどう評価していたのか　150
ごまかしのきっかけ　152
正統派学習の進路選択に及ぼす効果　155
その他の傾向　158

まとめ 161
注 (3)
索引 (1)

下巻目次

第7章 正統派の学習はどうすればよいか
第8章 何のために学習するのか
第9章 「ごまかし勉強」の恐ろしい副作用
第10章 教育産業は学力向上に貢献してきたか?
第11章 ごまかしの病源と治癒対策

第12章　よくある質問（回答は下巻）

質問1　ごまかし勉強で成績が上がると、自信がつくから、それが学習のきっかけになって正統派の学習に切り替われば、別に構わないのではありませんか。

質問2　ごまかし勉強でも、何も勉強しないよりは、やるだけましなのではありませんか。

質問3　受験体制を乗り切るには、ごまかし勉強も必要ではないでしょうか。

質問4　自分の経験では、受験勉強も結構役に立っています。だからごまかしでも構わないのではありませんか。

質問5　正統派のときには「学習」、ごまかしのときには「勉強」と呼んでいるのはなぜですか。

質問6　ごまかし勉強の悪習から抜け出し、何とか正統派の学習をしようと思っていますが、習慣は恐ろしいもので、気づくとごまかし勉強をしようとしている自分がいます。うまく切り替えられないのは私だけでしょうか。どうしたらよいでしょう。

質問7　「正統派の学習」と「ごまかし勉強」とを分けるのは、単純な二分法ではないのですか。中間だってあるはずです。

質問8　家庭教師をしていますが、短期間で成績を上げないと首になりそうです。ですから、仕方なく生徒にごまかし勉強をさせています。どうしたらよいですか。

質問9　社会科の用語を暗記するなど知識の習得で学習すべき量が多いと、ごまかし勉強が発生しやすいのはよくわかりますが、数学のようにできるできないがはっきりする技能の習得にごまかしが発生するのは、どうしてですか。
質問10 学力の低い生徒に正統派の学習を要求するのは、無理があるのではありませんか。テストの制度がある以上、教師は、能力が低い子供たちに対してはごまかし勉強でテストを乗り切らせてあげる方が、親切だと思います。
質問11 ごまかし勉強の研究は、どのようなきっかけで始まったのですか。
質問12 ごまかし勉強の風潮への対策は、この後どのように展開するのですか。
あとがき
注
索　引

装幀＝加藤俊二

第1章 勉強は、もううんざり

「学校に行きたくない」

まず、私が新聞で見つけたひとつの投書から読んでいただきましょう。書いたのは長野県の一七歳の女子高校生です。

> 学校に行きたくありません。特に理由はないです。学校に行っていると、こんなことして何になるんだろう……と不安になります。
> ずっと何の迷いもなく学校に行って、まじめに授業受けてそのまま進学しました。でも今、ばかなことみたいに思えます。半日も机に座って人の話を聞いてノートに書いて、そのことを覚えているかテストして……。卒業して何になるんでしょう。うまく言えないけど学校に行く意味がわかりません。

勉強は嫌いではありません。ただ、決められたことを決められたペースでやらなければならないことに疑問を感じます。だからと言って特にやりたいことがあるわけでもなく、どうすればいいのかわかりません。とりあえずこのまま高校を卒業すべきなのか、他に何かした方がいいのか教えてください。

（二〇〇一年七月二四日朝日新聞朝刊）

いかがでしょうか。もうとっくに社会人として活躍しておられる読者の方々の多くにとっては、こういう気持ちはあまりピンと来ないのではないかと思います。人生が見えていない、甘えている、贅沢な悩みだ、などと思われた方もあるかもしれません。今の若い人達はどうしてこういう発想になってしまうんだろうと思われた方もあるかもしれません。それに対して、中学生や高校生の読者の方は、今の気持ちをぴったりと表していると思われた方が多いのではないでしょうか。私のカウンセリングの経験でも、この投書者のような相談が最近増えています。

一言で言ってしまえば、学校を中心に展開する学業に、もううんざり、という子供たちが着実に増え続けているのです。そして、大人たちの多くは、なぜ増えているかまったくわかっていません。毎日中学生や高校生と接している教師たちでさえも、首をかしげている人達がたくさんいます。「子供たちが変わってしまった」とはよく耳にする表現です。かつてうまくいった指導技術が通用せず、もどかしさを感じている教師たちの、嘆きの表現です。大人たちがいろいろと善意でやってみても、多くは裏目に出て、子供たちが勉強から逃げようとしている状態は、一向に改善されません。

この本のキーワードは「ごまかし勉強」です。最近の子供たちの学習の主流が「ごまかし勉強」に変質してしまったというのが、本書の指摘です。そのため逃げたくなって当然なのです。本書では、子供たちの学習の現状や、それを取り巻く社会状況を詳しく紹介していきます。最後までお読みいただくと、初めに紹介した投書が今一つピンと来なかった方々にも、投書者の気持ちがおわかりいただけるだろうと思います。しかも、それだけでなく、実は重大な問題を含んでいるということにもお気づきいただけると思います。というのは、子供たちが学業から逃げれば、当然のこと将来の日本人全体の学力は低下するからです。全体の学力が低下すれば結果として国力が低下します。ですから、のんきに構えているわけにはいきません。すぐにでも何らかの対策が必要です。これに関しては、どうしたら良いかについても本書で提案するつもりです。

まずはデータから見ていただきましょう。

不登校、中退の増加

学業から逃げる最も極端な形は何でしょうか。それは、学校に行かないことです。二〇〇一年八月一〇日文部科学省が発表した学校基本調査速報によれば、二〇〇〇年度に不登校だった中学生は一〇万七九一〇人で、一九九一年度の調査開始以降最多でした。ここで言う不登校とは、年間三〇日以上の欠席者から、病気欠席者、経済的理由による欠席者、その他を除いたいわゆる「学校嫌い」を理由とする欠席者の数です。図1-1は、一九九一年度以降の中学生の不登校者数をグラフにしましたが、確実に増加しています。(1)

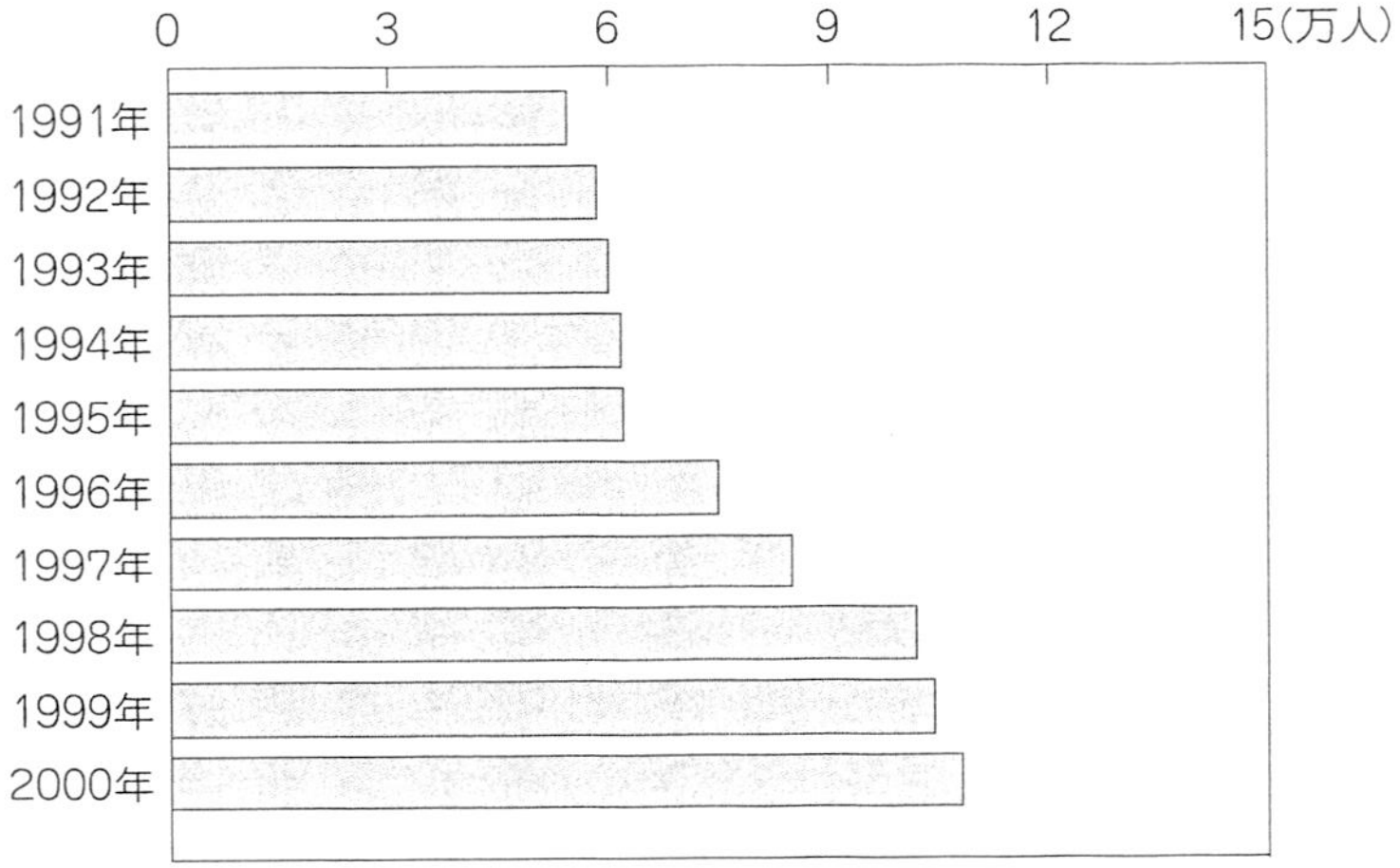

図1-1　不登校中学生数の推移（30日以上）
（文部科学省「学校基本調査速報」，2001）

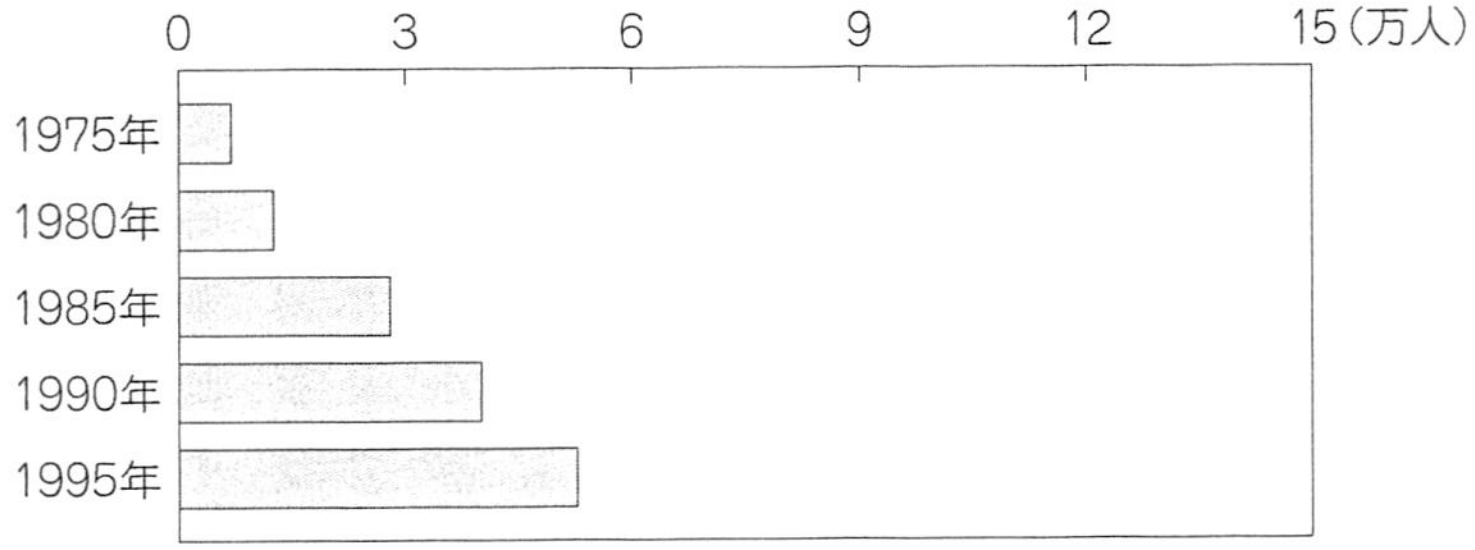

図1-2　不登校中学生数の推移（50日以上）
（文部省初等中学教育局，1998）

「学校嫌い」を理由とする欠席者については、もっと以前から調査がありますが、一九九〇年度以前は、長期欠席者の定義が年間五〇日以上となっていますので、図1 - 2として、五年おきのデータを別のグラフに表しました。(2) 一九七五年以来の中学生の不登校の実数です。いずれにせよ、年々確実に増加していることがわかります。実は不登校といってもきっかけはさまざまで、家庭生活に起因する場合（中学生で一七・四％）もあれば、病気など本人に起因する場合（三一・六％）もありますし、学校生活に起因する場合（四一・七％）でも友人との人間関係などがきっかけということが多いのですが、結果的には「学び」の機会から遠ざかる子供たちが増えていることは確かです。

小中学校で学校に行かなければ不登校ですが、高等学校の場合は中途退学という形になります。制度上は高等学校は義務教育ではないので、生徒は自分の意思で選択の上通学しているはずですが、一九九七年度には、私立高校の生徒の二・九％、公立高校の二・〇％、合計で一一万一五〇〇人が中途退学しました。「学校生活・学業不適応」の内訳を見ると「もともと高校生活に熱意がない」四三・九％、「授業に興味がわかない」一八・四％が上位二位の内訳です。何でこうなってしまうかについては、後の章で詳しく述べようと思います。いずれにせよ、夢を描いて高校へは行ってみたものの、満足できずに中退する姿が見えてきます。

登校者も学業にはうんざり

では、学校に通っている子供たちは、満足して楽しく通っているのでしょうか。学校の楽しさといっても、「友達と一緒にいられるのが楽しい」とか「行事で活躍して友達に認められるのが楽しい」などその内容はさまざまでしょう。ここでは、子供たちが学業から逃げようとしていることを問題にしているので、学習を楽しんでいるかどうかに絞って検討してみようと思います。

図1-3は、文部省が一九九九年十二月に発表した、「第三回国際数学・理科教育調査」の追調査の中間報告ですが、中学二年生の結果で、数学も理科も好きな人の数が減り、嫌いだという人の数が増えています。それぞれの科目に対する意識変化も、楽しいと思う人が減り、退屈だという人が増えているわけですから、好き嫌いの結果は当然とも言えます(3)。

図1-4は、学習に対する興味の変化を学年別に調べたものですが、小学三年生から中学三年生になるにつれて、着実に学習に対する興味を失っていることがわかります(4)。学習に関しては「やればやるほど面白さがわかる」のではなく「やればやるほど興味を失う」状況に子供たちがあるのだということが、はっきりとわかります。

この傾向は、前に述べた「第三回国際数学・理科教育調査」の結果にも現れています。同調査では、小学三年生四年生や中学一年生二年生にも、数学と理科について好き嫌い調査をしていますが、学年が上に

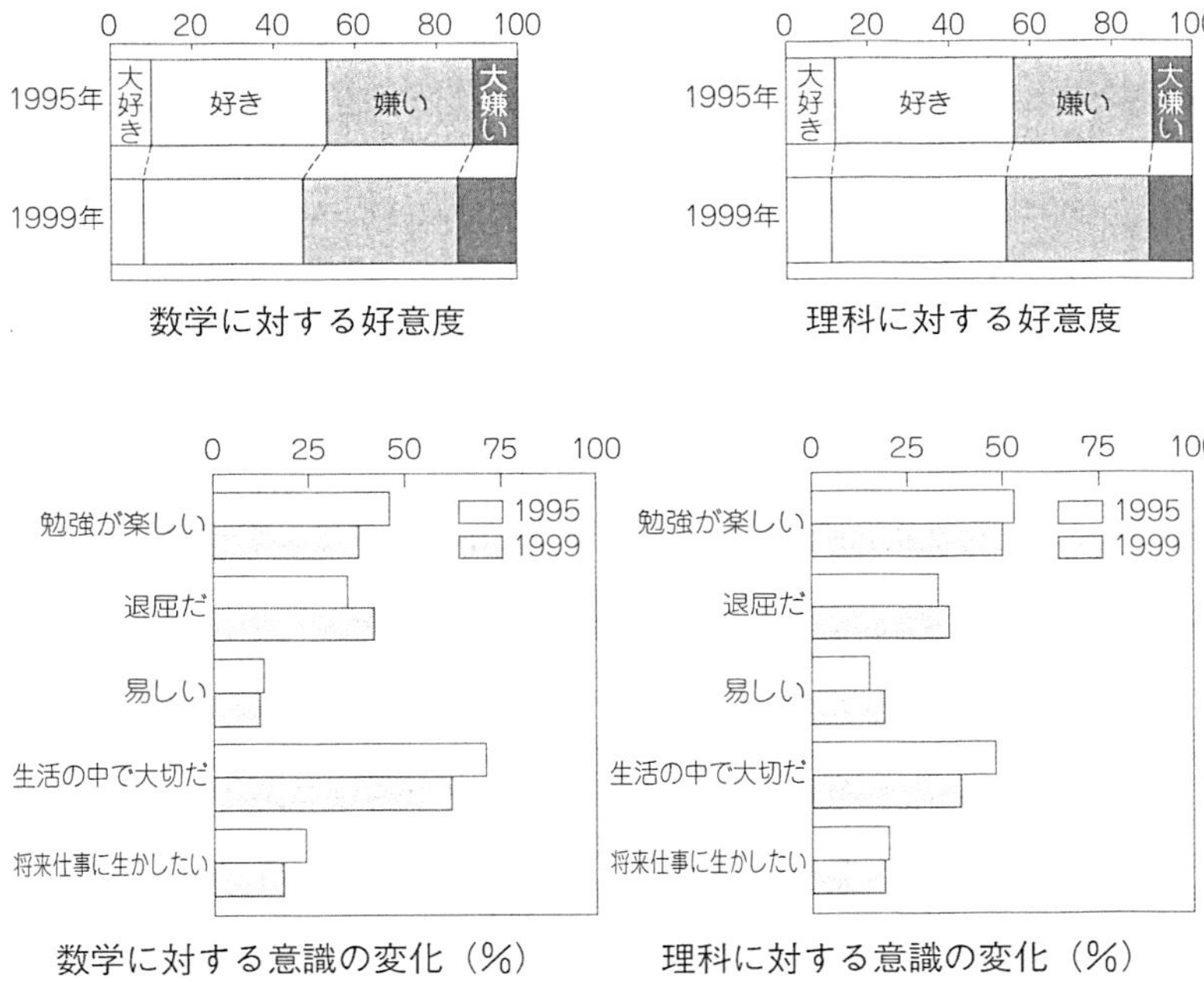

図1-3　第3回国際数学・理科教育調査（追調査）中間報告
（対象は中学2年生140校の4966名）（文部省，1999，12月）
www.monbu.go.jp/news/00000394/siryou.pdf.

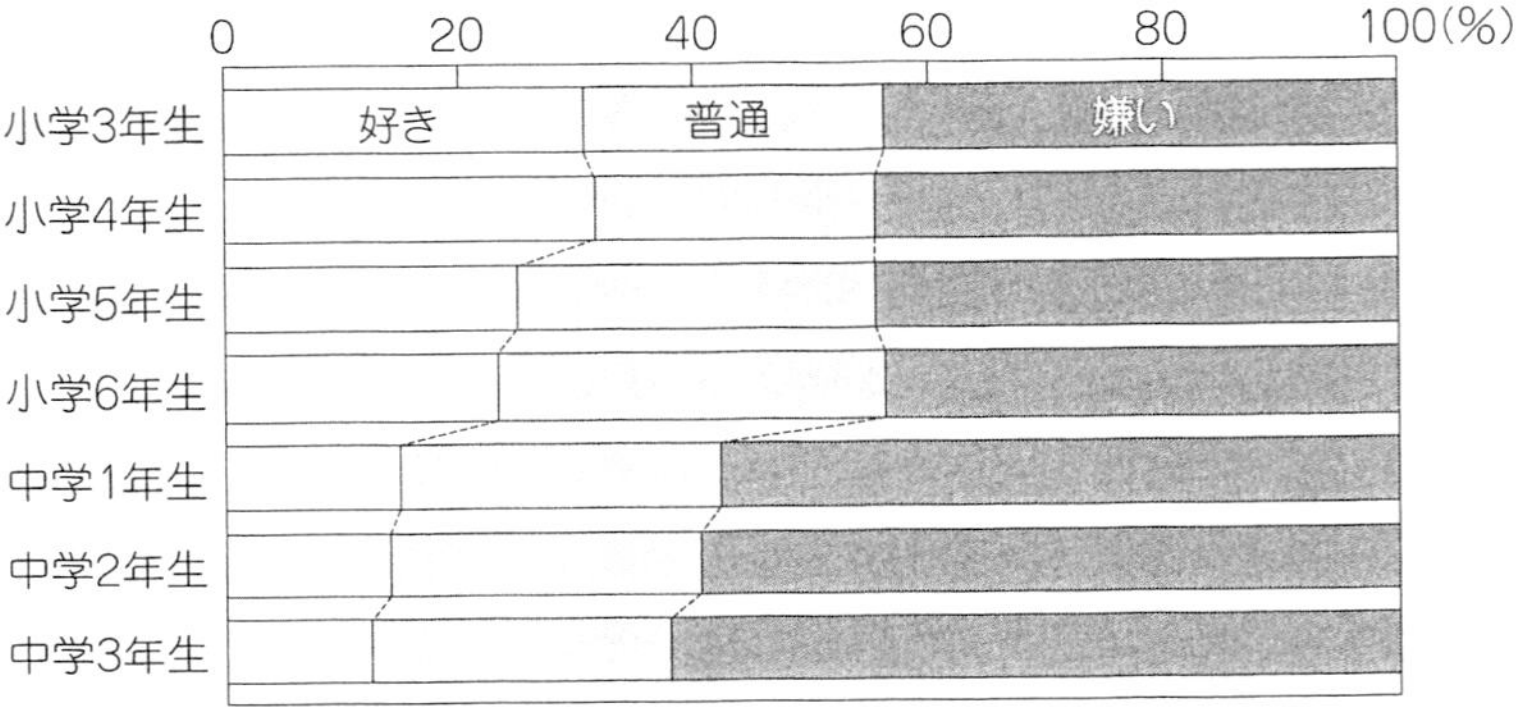

図1-4　学習に対する興味の学年別変化
（対象は小・中学生約5000名）（河井，1987）

なるにつれて好きな人が減り、嫌いな人が増えています。図1-5がその結果ですが、図1-4の結果と一貫しています。[5]

さらに、図1-6は中学一年生の英語学習への興味・感情の変化を表したグラフですが、四月の学習開始時点で興味をもっていた子供たちも、学習を続けるにしたがってどんどん興味を失っていることがわかります。[6] この調査では、中学一年生の学校での学習開始前に、学習塾に通うなど何らかの形ですでに学習を開始していた人と、学校で初めて学習するようになった人との興味変化の違いも見ていますが、せっかくあらかじめ好印象を築きあげてあった場合でも、学校で授業を受けるにつれて興味を失い、やがては中学から始めた人と同じレベルにまで印象が悪化してしまうことがわかります。

図1-7は、中学三年生に「もっとたくさん勉強したいと思いますか」と尋ねた回答を集計した結果ですが、三五年前と比較して、高い意欲をもつ生徒の数が激減し、「勉強はもうしたくない」という思いの生徒が着実に増加していることがわかります。

以上のことをまとめると、子供たちは学年が上がるごとに

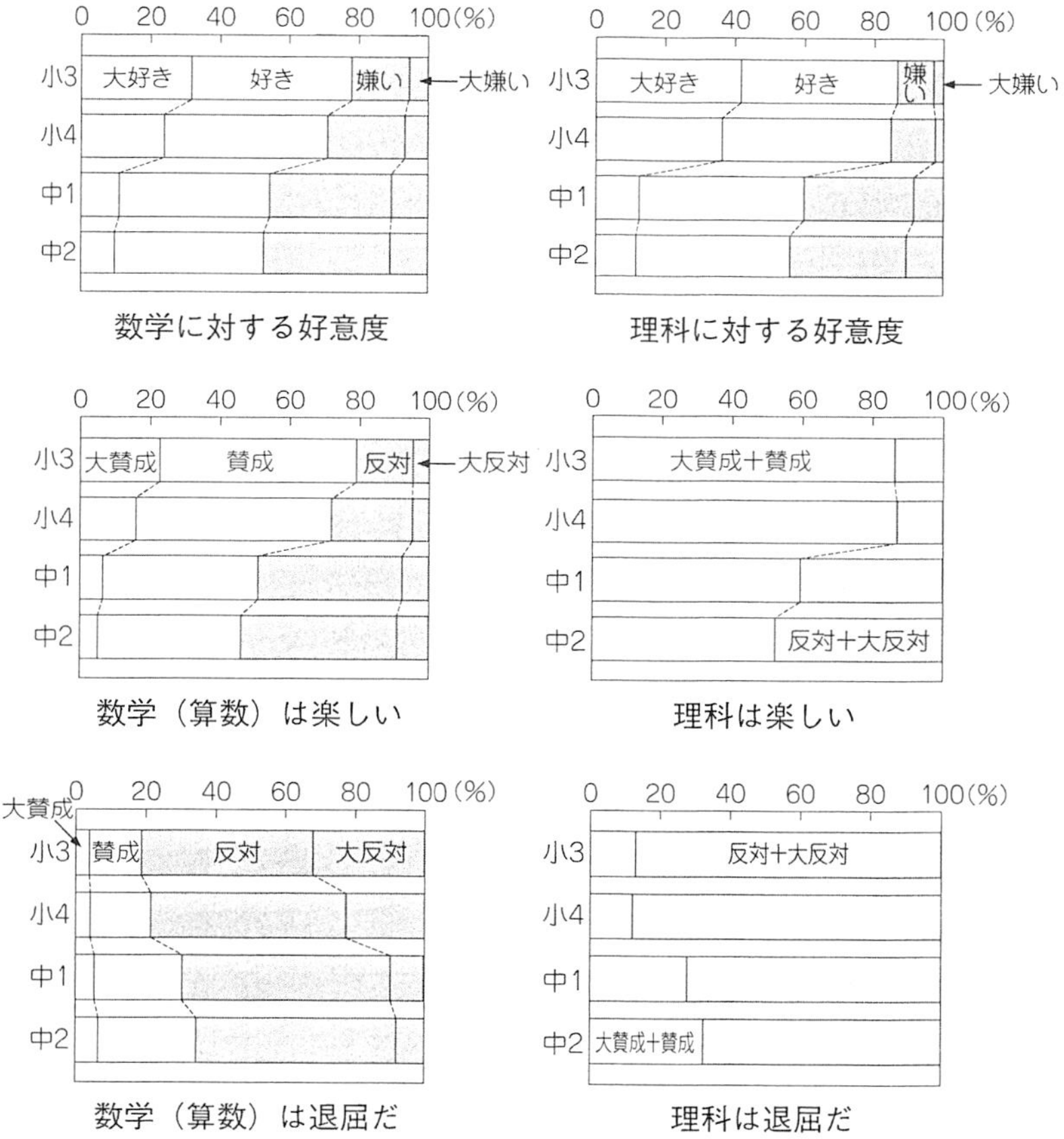

図1-5　第3回国際数学・理科教育調査

（国際教育研究所，1996，３月）

［対象］　小3：4517名
　　　　　小4：4552名
　　　　　中1：5404名
　　　　　中2：5515名

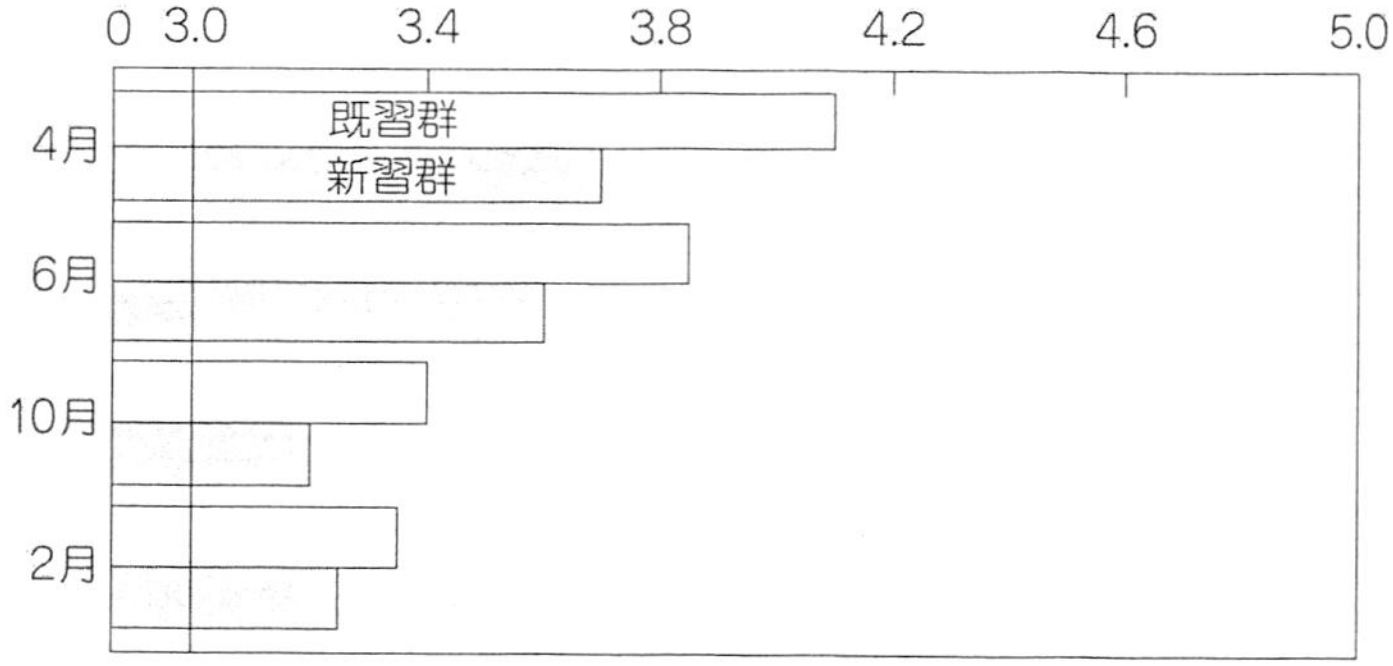

図1-6　中学1年生の英語学習への興味・感情の変化
（Koizumi, Matsuo, 1993）

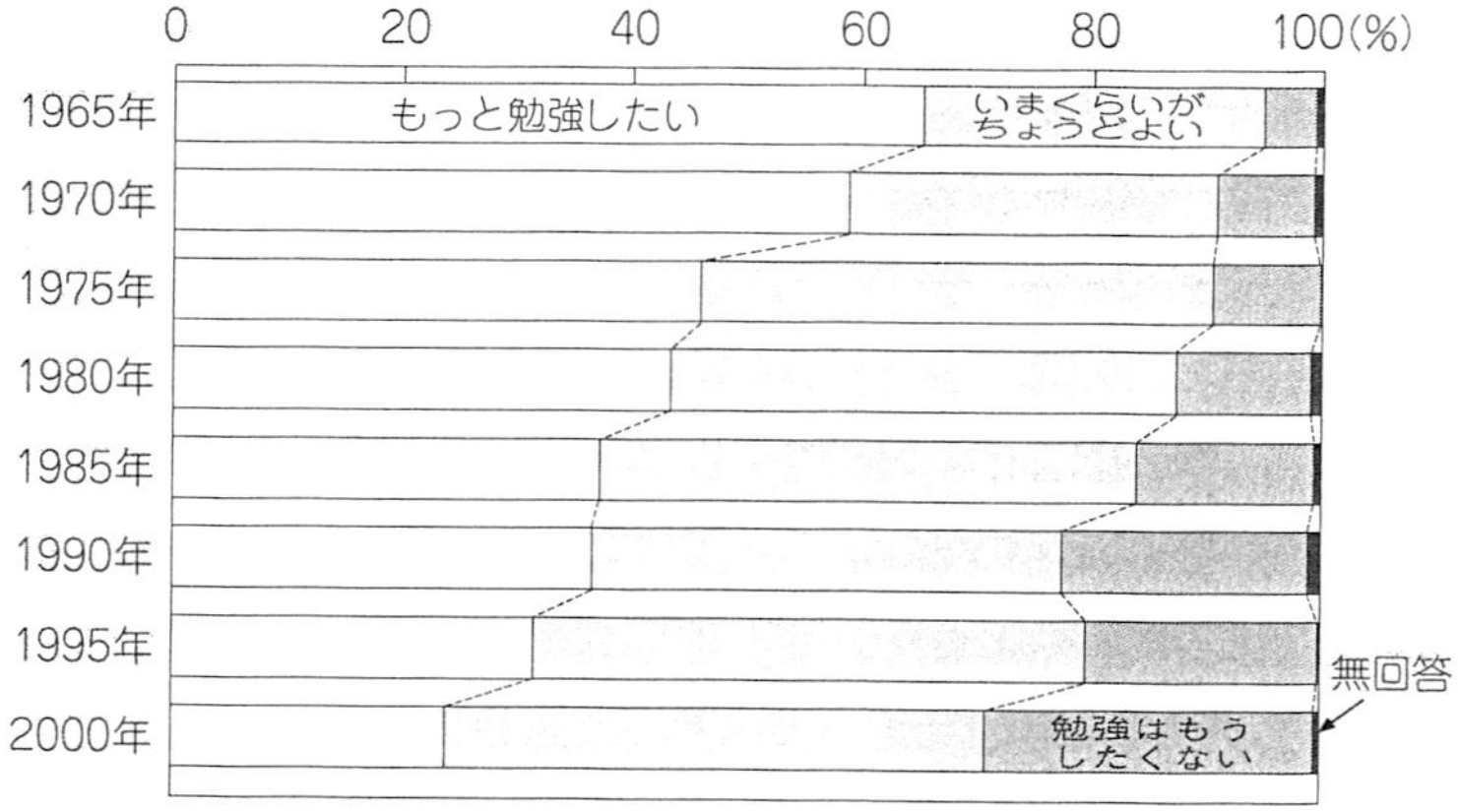

図1-7「もっとたくさん勉強したいと思いますか」の問いに対する回答
（藤沢市教育文化センター, 2001）

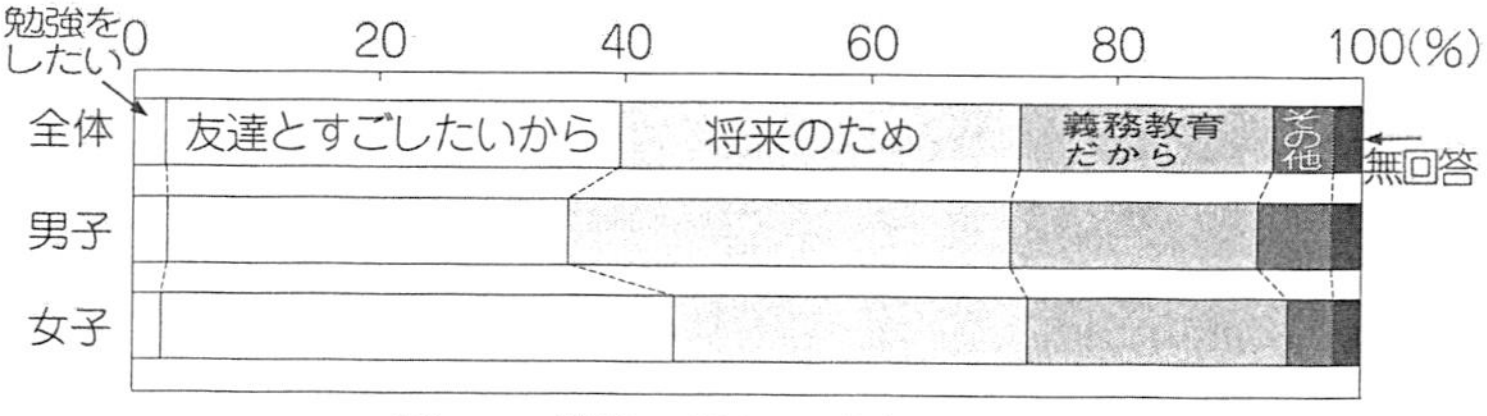

図1-8　学校に通う一番大きい理由
（対象は中学3年生, 3405名）（藤沢市教育文化センター, 2001）

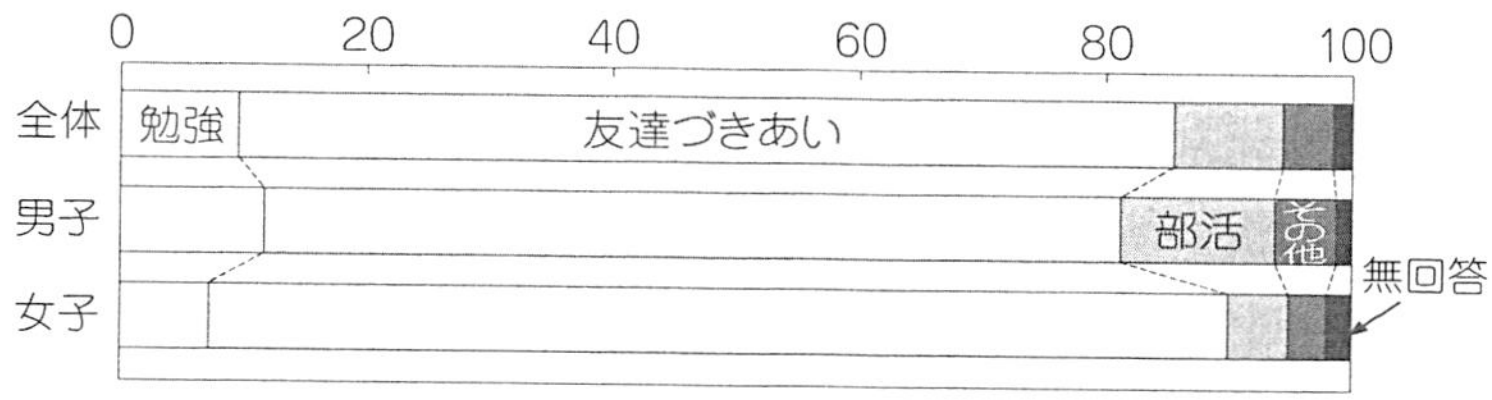

図1-9　学校で一番大切な事柄
（対象は中学3年生，3405名）（藤沢市教育文化センター，2001）

学習に対する興味を失い、その傾向は年々強まっているということになります。したがって、学校に通っているからそれは学習に満足しているのだということにはならず、学習は嫌だが学校には通っているというように見るべきだということになるでしょう。

図1-8は「あなたが学校に通う一番大きい理由は何ですか」という問いの回答ですが、学習目的の中学生はごくわずかで、一位は「友達とすごしたいから」です。「義務教育だから」と「将来のため」を合わせて、仕方なく通っている人たちを見ると約半数になります。図1-9は「学校の中であなたが一番大切に思うものは次のうちどれですか」という問いの回答ですが、この図でも学習目的でなく友達づきあいのために学校に通っていることがよくわかります。[7] 学校にいる時間の大半が学習時間で、友達づきあいの時間はごくわずかですから、つらい状況にじっと耐えている中学生の姿が想像され、何ともやりきれない思いです。

世界の中の日本

子供たちがこのように学習に魅力を感じていないのは、世界的なことなのでしょうか。それとも日本人の子供たちだけなのでしょうか。

子供が「勉強は面白くない」「勉強は役立たない」という不満を漏らしたとき、学習の面白さを伝えられる大人がいる一方で、「勉強は面白くなくて当たり前」とか「役立たなくて当然」、また「無意味で辛いことに耐える練習を子供時代にするべきだ」と返事をする大人が数多くいることも事実です。私の調査では、ほぼ全員の子供がこのような「学習労役論」に接してきています。もし、学習労役論者の主張が正しくて、面白くないということが本当に学習の本質であるとするなら、学校や学習に対する魅力は、世界中どこの国で調べても大同小異ということになるでしょう。

図1‐10は、世界の代表的六都市で調べた学校に対する魅力の国際比較です。(8) 学校に通うのがとても楽しみという子供の数が、東京が最低になっており、逆に楽しくない子供が東京で最高になっています。この調査は世界中の都市を調査したものではありませんから、もっと学校を嫌がる国もあるはずだという意見もあるかもしれませんが、少なくとも、今より学校をもっと楽しい場所にすることができるはずだということだけは、確実に見てとれます。

表1‐1は、第三回国際数学・理科教育調査の結果からの作図ですが、数学に関しては三九か国の中学二年生の好き嫌いの度合いが示されています。(9) この表では、「大好き」と「好き」を合計した数値の順に国名を並べ直してみましたが、数学嫌いでは世界中で日本は下から三番目です。さらに、各国の教育が子供たちの好感をどれだけ獲得したかの度合いをみるために、この値で五段階相対評価を行い、評定値を右側に書いてみました。日本は何と評定1になります。理科に関しては、二一か国分しかデータが公表されていませんが、その中で日本は最下位です。これも五段階の評定値は計算すると1になります。

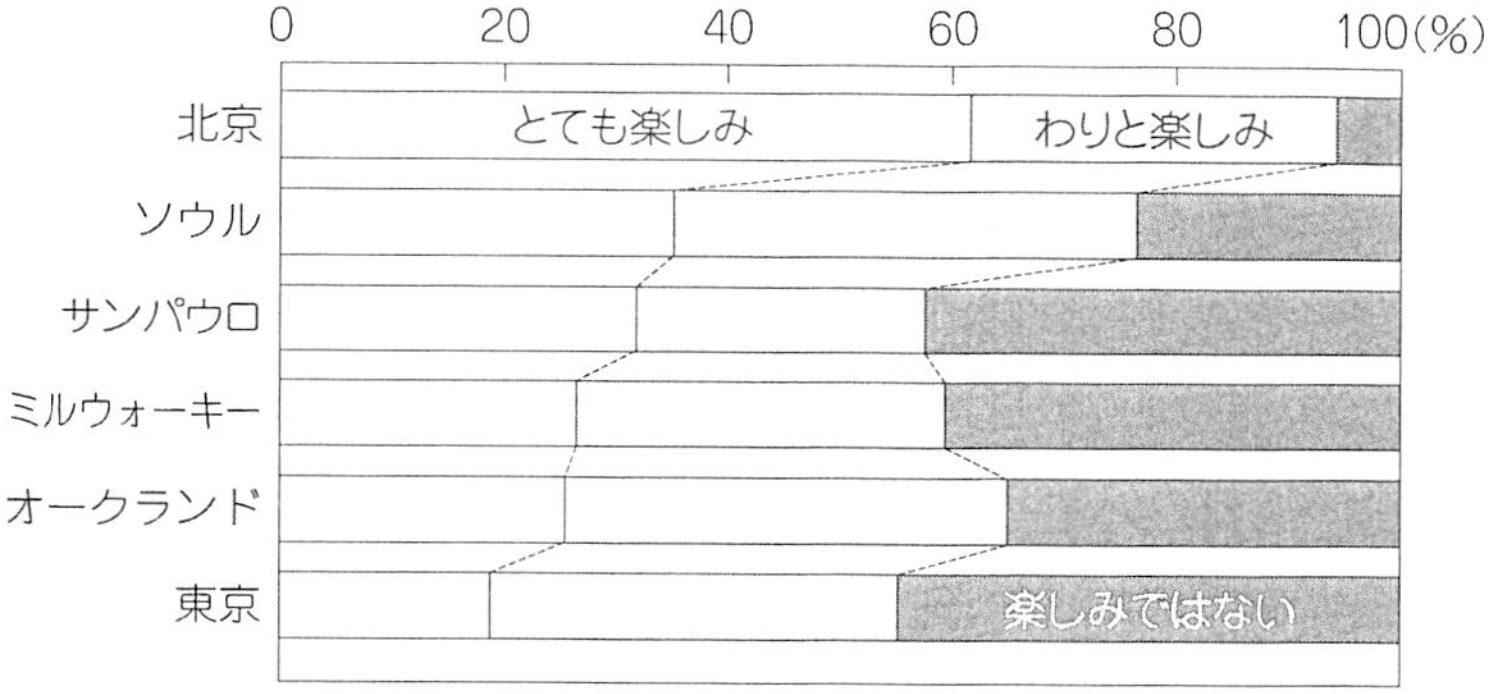

図1-10　学校に対する魅力の国際比較
（対象は小学校5年生、4623名）（ベネッセ教育研究所，1997）

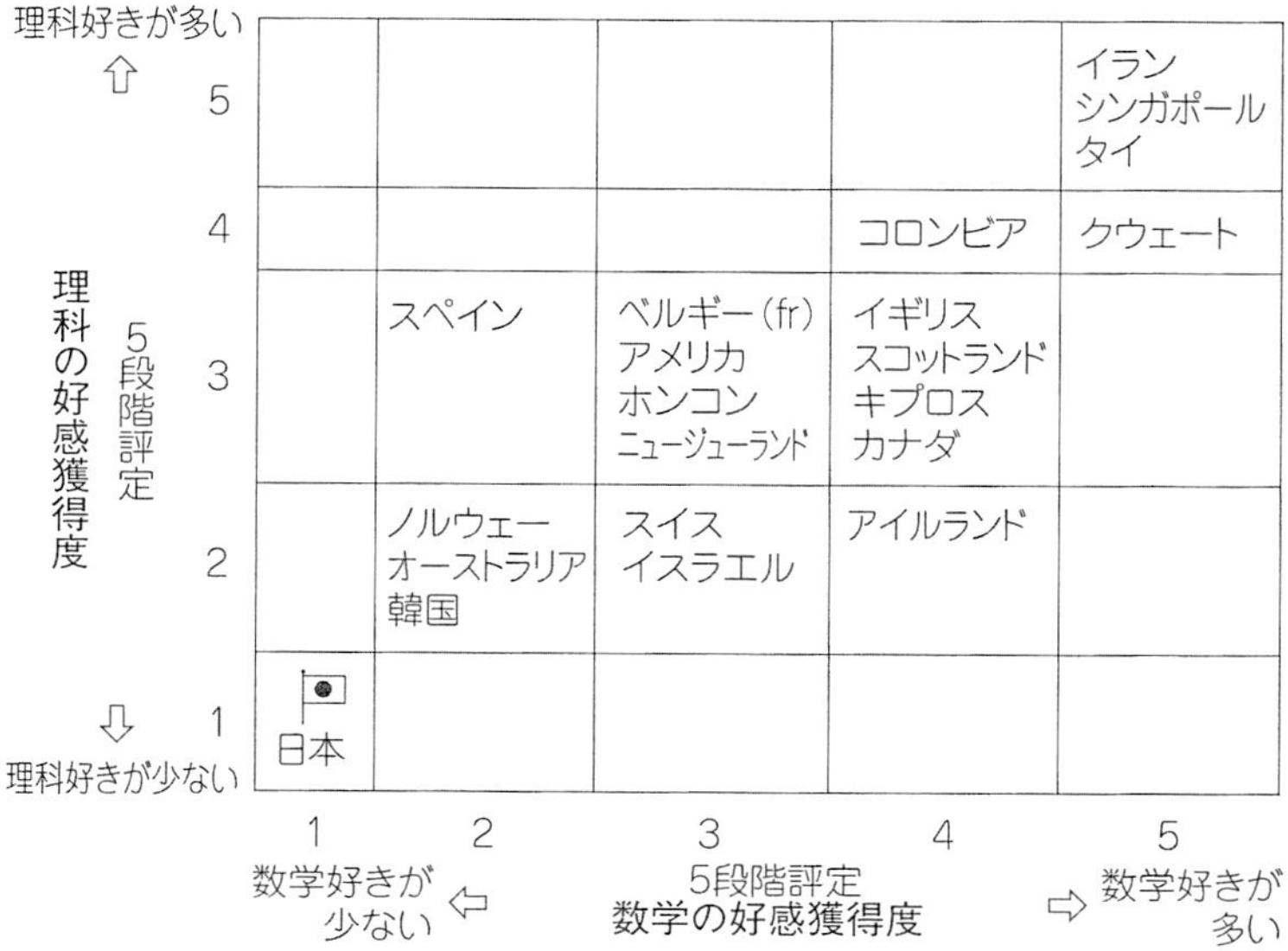

図1-11　理科と数学の好感獲得度の関連図

	国別の理科好きの生徒の割合				
各国順位	国名	理科好き生徒の割合 50 60 70 80 90	% 100	好感獲得度 偏差値	好感獲得度 5段階評定
1	イラン		93	68.0	5
2	シンガポール		92	67.1	5
3	タイ		90	65.3	5
4	クウェート		89	64.4	4
5	コロンビア		87	62.6	4
6	イギリス		78	54.5	3
6	スコットランド		78	54.5	3
8	スペイン		73	50.0	3
9	ベルギー(fr)		71	48.2	3
9	アメリカ		71	48.2	3
11	キプロス		70	47.3	3
12	ホンコン		69	46.4	3
13	カナダ		68	45.5	3
13	ニュージーランド		68	45.5	3
15	アイルランド		67	44.6	2
15	ノルウェー		67	44.6	2
15	スイス		67	44.6	2
18	オーストラリア		60	38.3	2
19	イスラエル		59	37.4	2
19	韓国		59	37.4	2
21	日本		56	34.7	1

・数学と理科では、調査対象の国の数が異なっています。
・調査は、「大好き」「好き」「嫌い」「大嫌い」のどれかで回答を求めており、この表での「好き」は「大好き」「好き」の合計です。
・ここで言う好感獲得度とは、その国の教育が、どれだけ沢山の生徒をその科目好きにすることができたかという意味です。
・偏差値は「好き」の％から計算した値で、5段階評定は偏差値に基づく相対評価になっています。
・ベルギーのfrはフランス語圏、flはフレミッシュ語圏です。

表1-1　世界中の中学2年生の数学・理科の好き嫌い

	国別の数学好きの生徒の割合				
各国順位	国名	数学好き生徒の割合 50 60 70 80 90 100	%	好感獲得度 偏差値	好感獲得度 5段階評定
1	イラン		85	68.3	5
2	クウェート		84	67.2	5
3	シンガポール		82	65.0	5
3	タイ		82	65.0	5
5	イギリス		80	62.8	4
6	アイスランド		79	61.7	4
7	コロンビア		78	60.6	4
7	デンマーク		78	60.6	4
9	カナダ		74	56.2	4
9	キプロス		74	56.2	4
9	ギリシャ		74	56.2	4
9	アイルランド		74	56.2	4
9	スコットランド		74	56.2	4
14	ロシア		73	55.1	4
15	ニュージーランド		72	54.0	3
16	ポルトガル		71	52.9	3
16	ルーマニア		71	52.9	3
18	ベルギー(fr)		70	51.8	3
18	アメリカ		70	51.8	3
20	フランス		68	49.6	3
20	スイス		68	49.6	3
22	ベルギー(fl)		67	48.5	3
22	ラトビア		67	48.5	3
24	イスラエル		66	47.4	3
24	スロベニア		66	47.4	3
26	ホンコン		65	46.3	3
27	オーストラリア		64	45.2	3
28	ノルウェー		63	44.1	2
30	スペイン		63	44.1	2
31	スウェーデン		61	41.9	2
32	スロバキア		60	40.8	2
32	オーストリア		58	38.6	2
32	ハンガリー		58	38.6	2
32	韓国		58	38.6	2
32	オランダ		58	38.6	2
36	ドイツ		55	35.3	2
37	**日本**		**53**	**33.1**	**1**
37	リトアニア		53	33.1	1
39	チェコ		49	28.7	1

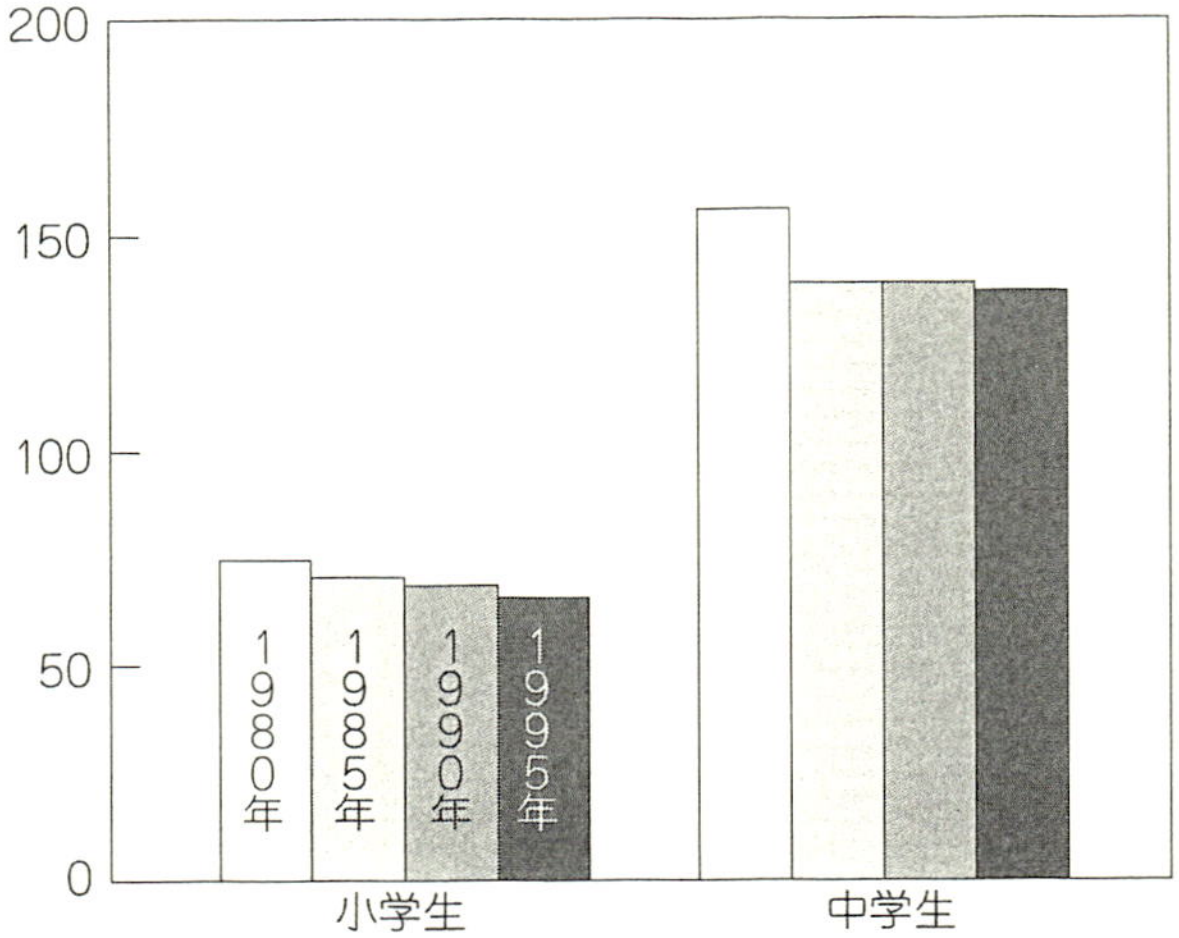

図1-12　一日平均「学校外での学習時間」
(NHK放送文化研究所「国民生活時間調査」より作成)

図1-11は、これら数学と理科の五段階評定値をもとに数学と理科の連関表を作ってみました。数学と理科の好き嫌いは大きく連関していることがわかります。イラン、シンガポール、タイといった国は、子供たちを数学も理科も好きにさせることに成功しているのに対し、日本は数学も理科も好きにさせることには失敗していることになります。

学習時間の減少

人は、誰でも好きなことと必要性を痛感していることなら一生懸命やりますが、嫌いなことや必要でないことはあまり努力しません。その傾向は子供ならなおさらです。周知のように子供たちの人数が減るのにつれて受験勉強の圧力が減ってきていますので、各科目の必要性となると、まだ社会に出ていない子供たちにとってはなかなか理解しにくいものがあります。ですから、それぞれの科目が面白くない、好きでない、となると当然の結果として、学習時間が減ってくることになります。

図1-12は、小学生と中学生の学校外での学習時間をNHK放送文化研究所が五年おきに調べた結果から作った図です[10]。この時間の中には学習塾での学習時間が含まれています。学校での学習時間は強制されていて共通ですので、学校外学習時間を見ると自発的な学習意欲を知ることができます。平均で見ると少しずつ減ってきているのがわかります。ただし、平均値は極端な値の影響を受けやすいので、さらにその内訳を見ることにしましょう。

図1-13は、中学生と高校生の学習時間の内訳です。この十年間で学習時間が激減しているのがわかります。一九九二年の段階で、ほとんど学習しない高校生が何と三割以上もいるのです[11]。この傾向は、まったく別の調査でも同じように出ています。図1-14は、一九七九年と一九九七年の高校生の比較ですが、学習時間の減少は明らかで、図1-13と一貫した結果になっています[12]。

日本の子供たちの学校外学習時間は、世界的に見るとどうなのでしょうか。表1-2は、国際教育到達度評価学会のデータを、時間の多い順に並べ変えて、さらにお馴染みの五段階評定をつけたものです。そうしてみると日本の子供たちの学校外学習時間は、評定値が2になってしまいます。つまり世界では結構少ない方なのです。もともと日本の子供たちは自由になる時間が少ないかというと、決してそうではありません。それはこの表を見れば総余暇時間の評定値が3ですから、世界では普通ということになります。さらに、家の仕事をする時間は評定値2で、三九か国中下から二番目になりますから、これも多いわけではありません。これに対して、テレビやビデオの時間は評定値が4ですから、比較的たっぷり取られてい

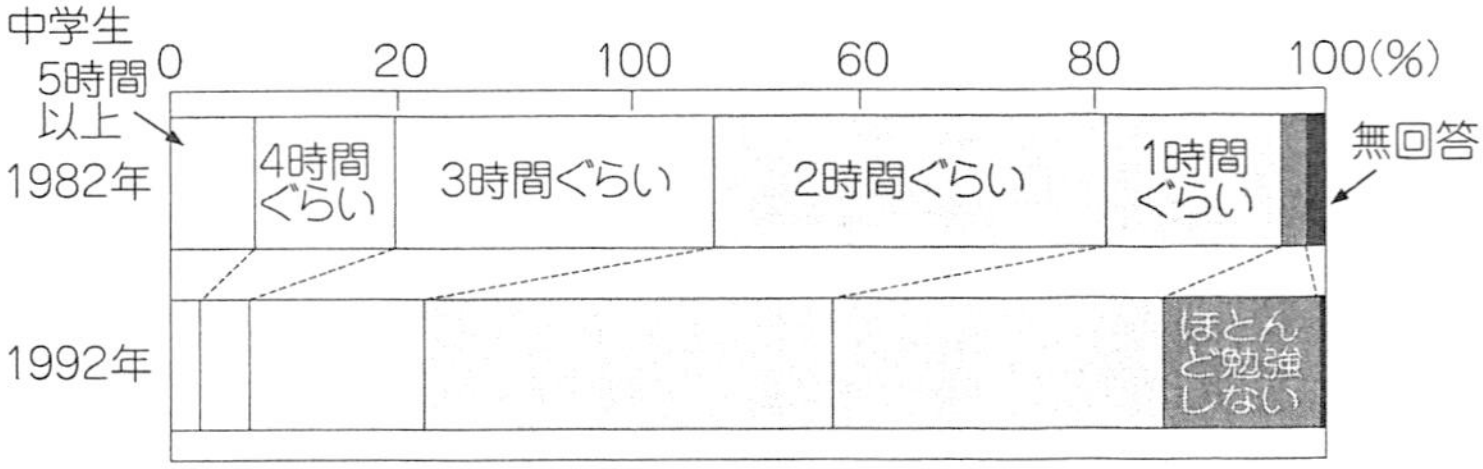

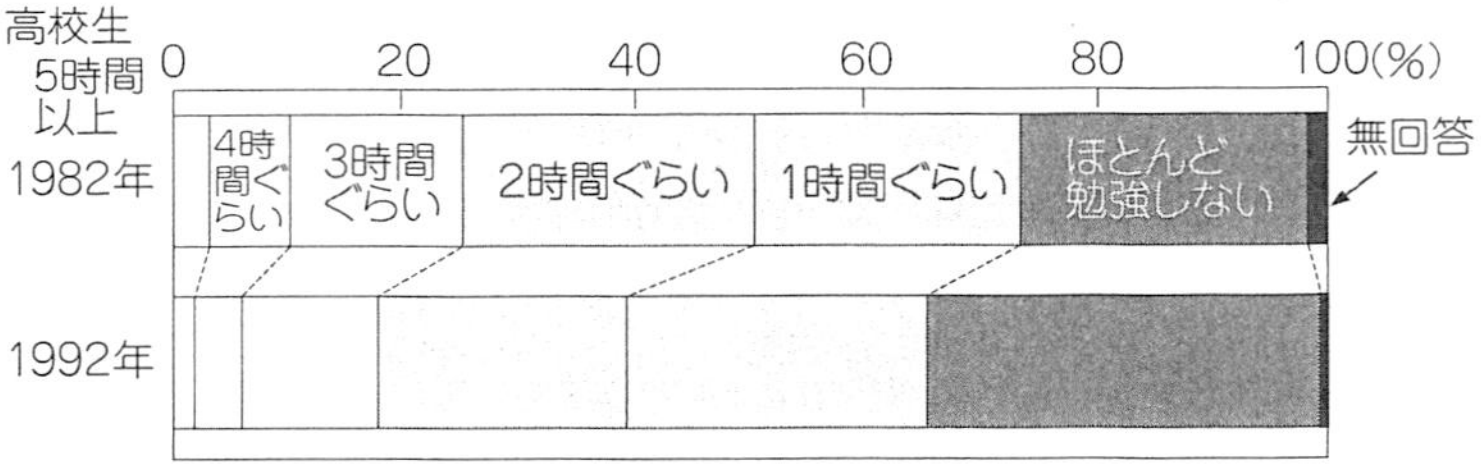

図1-13　一日平均学校外学習時間の個人差
（塾，予備校は含む，夏休みは除く）
（NHK世論調査部，およびNHK放送文化研究所，1993.1月より作成）

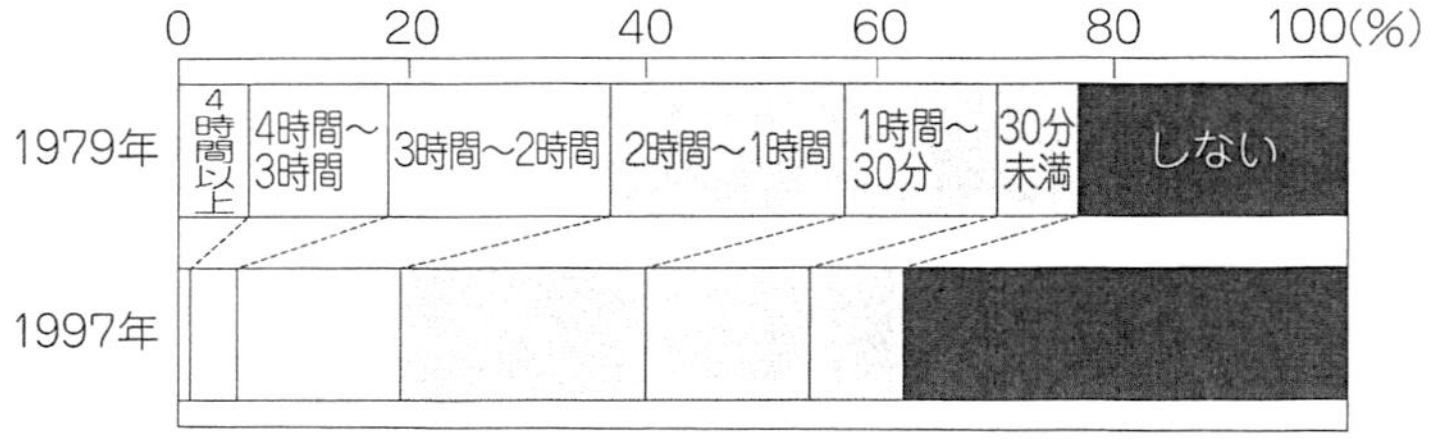

図1-14　学校外での学習時間の変化
（対象は高校2年生，1375人）（苅谷，2000より作成）

ることになります。

　これらのことから日本の子供たちの特徴をまとめれば、家の仕事をする必要もなく、余暇時間は普通に確保されているのに、テレビやビデオなどの娯楽に時間を多く割き、学習にはあまり時間を割かないという姿が見えてきます。図1-11の連関表で、理科や数学が好きな度合いが高く評定値で4や5を取っていたイラン、シンガポール、タイ、クウェート、コロンビアといった国々は、学習時間も長くなっていて時間の評定値も4か5です。人間の本性からして、好きなことに多く時間が割かれるのは当然と言えるわけで、日本で教科が嫌われている以上、この水準になってしまうのは仕方がないという感じです。

　学業から逃げる子供が増加しているということを述べましたが、これだけはっきりと忌避傾向が出ていれば、学力も低下しているのではないでしょうか。学習には、ある程度の定着作業が必要です。学校で新しいことを学習したら、自分なりにまとめたり、重要な知識を記憶したり、必要な技能は訓練したりしないと、学習内容がどんどん消えていってしまうからです。これらは学校外で自分の時間にやることですから、嫌がってやらなければ、学力は必ず低下します。学力の実態は、どうなっているのでしょうか。

「分数ができない大学生」

　「トップレベルの私立大学でも、約二割の学生が分数の計算などの小学校レベルの計算ができない」というショッキングな調査結果を示して、岡部・戸瀬・西村著『分数ができない大学生』（東洋経済新報社）

テレビやビデオの時間			
順位	国名	時間	評定
1	イスラエル	3.3	5
2	ハンガリー	3.0	5
3	リトアニア	2.8	4
4	イギリス	2.7	4
4	スコットランド	2.7	4
4	シンガポール	2.7	4
4	スロバキア	2.7	4
8	**日本**	**2.6**	**4**
8	チェコ	2.6	4
8	ホンコン	2.6	4
8	ラトビア	2.6	4
8	アメリカ	2.6	4
13	オランダ	2.5	4
13	ニュージーランド	2.5	4
13	ノルウェー	2.5	4
16	オーストラリア	2.4	3
17	カナダ	2.3	3
17	キプロス	2.3	3
17	スウェーデン	2.3	3
20	コロンビア	2.2	3
20	デンマーク	2.2	3
20	アイスランド	2.2	3
23	ギリシャ	2.1	3
23	アイルランド	2.1	3
23	タイ	2.1	3
26	ベルギー(fl)	2.0	2
26	韓国	2.0	2
26	ポルトガル	2.0	2
26	ロシア	2.0	2
26	スロベニア	2.0	2
31	オーストリア	1.9	2
31	ベルギー(fr)	1.9	2
31	ドイツ	1.9	2
31	クウェート	1.9	2
31	ルーマニア	1.9	2
36	イラン	1.8	2
36	スペイン	1.8	2
38	フランス	1.5	1
39	スイス	1.3	1

家の仕事をする時間			
順位	国名	時間	評定
1	コロンビア	2.3	5
2	ハンガリー	2.0	5
3	ルーマニア	1.9	5
4	イラン	1.8	5
5	スロベニア	1.6	4
5	タイ	1.6	4
7	ラトビア	1.5	4
7	ロシア	1.5	4
7	スロバキア	1.5	4
10	チェコ	1.3	3
11	イスラエル	1.2	3
11	クウェート	1.2	3
11	リトアニア	1.2	3
11	アメリカ	1.2	3
15	ベルギー(fl)	1.1	3
15	キプロス	1.1	3
15	デンマーク	1.1	3
15	ノルウェー	1.1	3
15	スペイン	1.1	3
20	カナダ	1.0	3
20	ポルトガル	1.0	3
20	シンガポール	1.0	3
20	スイス	1.0	3
24	オーストラリア	0.9	2
24	フランス	0.9	2
24	ドイツ	0.9	2
24	ギリシャ	0.9	2
24	アイルランド	0.9	2
24	オランダ	0.9	2
24	ニュージーランド	0.9	2
24	スウェーデン	0.9	2
32	オーストリア	0.8	2
32	ベルギー(fr)	0.8	2
32	イギリス	0.8	2
32	アイスランド	0.8	2
36	ホンコン	0.7	2
36	スコットランド	0.7	2
38	**日本**	**0.6**	**2**
39	韓国	0.5	1

表1-2　世界の中学2年生の余暇活動と学習の時間

（国際教育到達度評価学会，1999より作成）

学校外学習時間			
順位	国名	時間	評定
1	イラン	6.4	5
2	クウェート	5.3	5
3	ルーマニア	5.0	5
4	コロンビア	4.6	5
4	シンガポール	4.6	5
6	ギリシャ	4.4	4
7	キプロス	3.6	4
7	スペイン	3.6	4
9	タイ	3.5	4
10	ベルギー(fl)	3.4	3
11	ハンガリー	3.1	3
12	ベルギー(fr)	3.0	3
12	ポルトガル	3.0	3
14	イスラエル	2.8	3
15	フランス	2.7	3
15	アイルランド	2.7	3
15	ラトビア	2.7	3
15	リトアニア	2.7	3
15	スイス	2.7	3
20	ホンコン	2.5	3
20	韓国	2.5	3
22	オーストリア	2.4	3
22	アイスランド	2.4	3
22	スロバキア	2.4	3
25	**日本**	**2.3**	**2**
25	ノルウェー	2.3	2
25	スウェーデン	2.3	2
25	アメリカ	2.3	2
29	カナダ	2.2	2
29	オランダ	2.2	2
31	ニュージーランド	2.1	2
32	オーストラリア	2.0	2
32	ドイツ	2.0	2
32	ロシア	2.0	2
32	スロベニア	2.0	2
36	チェコ	1.8	2
36	スコットランド	1.8	2
38	デンマーク	1.4	2

総余暇時間			
順位	国名	時間	評定
1	ハンガリー	10.9	5
2	イスラエル	10.7	5
2	ロシア	10.7	5
4	スロバキア	10.6	5
5	チェコ	10.2	4
6	ノルウェー	10.1	4
7	アメリカ	10.0	4
8	コロンビア	9.9	4
8	スコットランド	9.9	4
10	リトアニア	9.8	4
11	オランダ	9.5	4
12	ドイツ	9.4	4
13	アイスランド	9.3	4
13	ラトビア	9.3	4
15	デンマーク	9.2	3
16	イギリス	9.1	3
17	オーストリア	8.9	3
18	カナダ	8.7	3
19	ルーマニア	8.5	3
20	スウェーデン	8.4	3
21	スロベニア	8.3	3
22	**日本**	**8.1**	**3**
22	キプロス	8.1	3
22	ギリシャ	8.1	3
25	クウェート	7.9	2
25	ニュージーランド	7.9	2
25	ポルトガル	7.9	2
28	ベルギー(fl)	7.7	2
28	ベルギー(fr)	7.7	2
28	シンガポール	7.7	2
28	スイス	7.7	2
32	オーストラリア	7.5	2
33	イラン	7.4	2
33	スペイン	7.4	2
35	タイ	7.3	2
36	アイルランド	7.1	2
37	ホンコン	7.0	2
38	フランス	6.9	2
39	韓国	5.0	1

という本が一九九九年六月に発行されるやいなや、いわゆる「学力低下」問題が脚光を浴び始めました。

実はそれ以前から、子供たちの「学力低下」は各方面で指摘されていたのですが、教育現場で発生する「学級崩壊」などのさまざまな現象の陰に隠れて、なかなか一般の関心を引く問題にはなり得ませんでした。

なぜ、まともに取り上げられなかったのでしょうか。一般に大人にとって常識になっているようなことを子供が知らないと「近ごろの若い者は常識がない」と非難しがちです。こういった非難は一種の懐古趣味であって、老化現象のひとつだということを我々は知っています。ですから教育現場で「学力低下」が指摘されても、よほどの証拠が示されない限り、問題にならなかったのは当然かもしれません。そしてその証拠を示すことは、タイムマシンで過去にさかのぼれない以上、かなり困難なことです。

さらに、その時代その時代で必要とされる知識は異なりますので、「学力」を知識量で測ろうとするとおかしなことになります。かつては漢字をたくさん知っていたほうがどんな文章でも読めて役に立ちましたが、最近は誤解が起こらない限り漢字はできるだけ使わないという風潮になってきましたので、知っていても意味がないということになってしまいます。そうなってくると「漢字を覚えなければ」という気持ちが減ってきても当然でしょう。

技能もまた時代で変化します。電卓が普及する前は、ソロバンができることはすごいことでしたし、ソロバンのできない人は、特にかけ算や割り算では計算尺を使いました。計算尺の使い方は、文部省検定教科書にも載っていましたので、当時は万人に必要な技能と考えられていたわけです。しかし今は、電卓が普及して誰でも簡単に計算ができる時代になっています。ですから、計算尺も姿を消し、教科書にも載っ

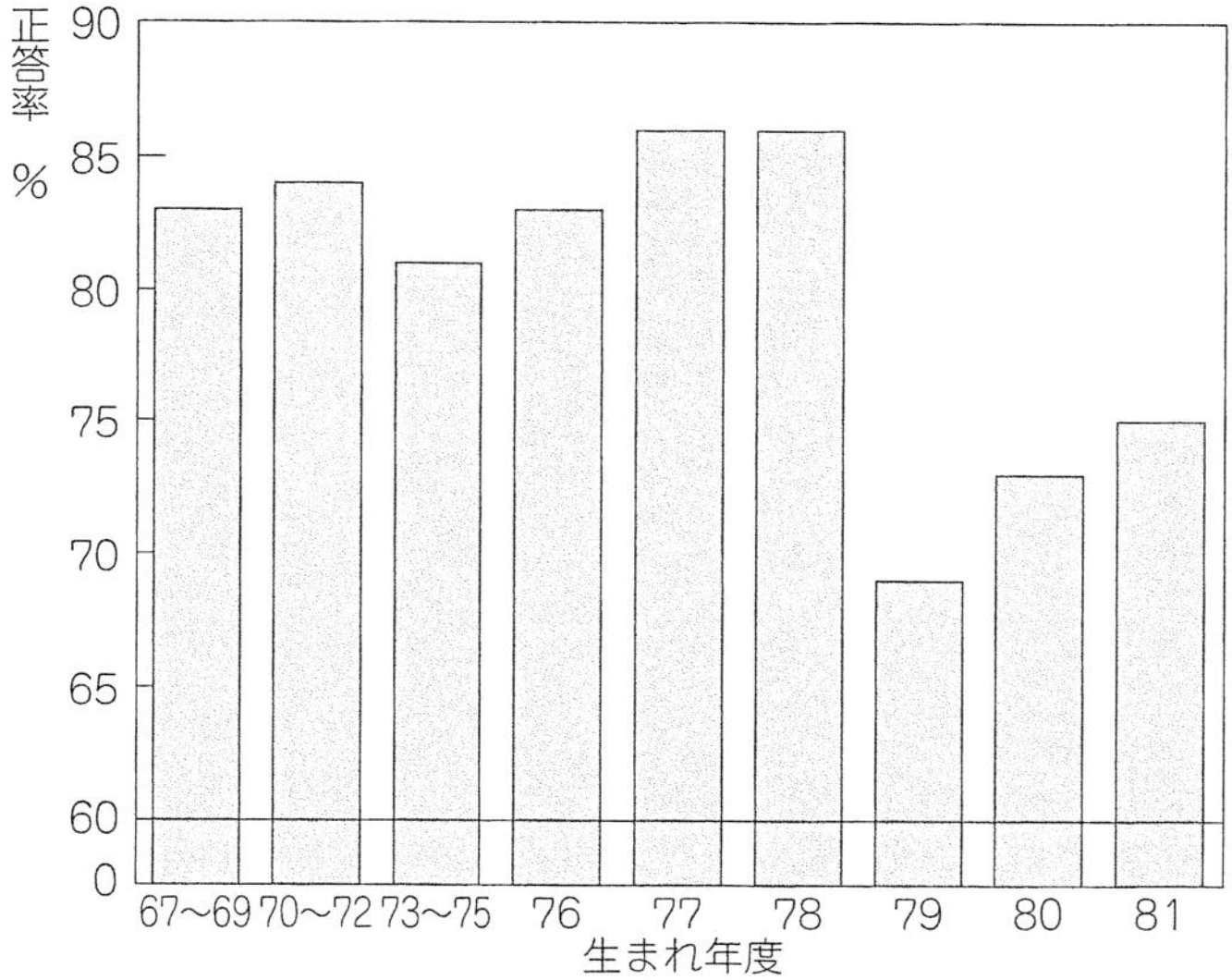

図1-15　大学生の四則演算正答率の推移
（対象3238名）（藤沢，2001）

ていません。ですから、いまさら若い人達に向かって「計算尺の使い方も知らないのか」と非難しても、「でも、もっと正確に答の出せるコンピュータの使い方ならわかるよ」と応酬されて終わりでしょう。このように、時代時代によって必要な学力は変化します。

ですから、たとえタイムマシンで過去にさかのぼることができたとしても、同じテスト問題を使って学力比較をすることに、どれだけ意味があるかということになってしまいます。空の状態や動植物の状態を見て天気の変化の予測ができる人は、現時点でまだたくさんいると思われますが、今後天気予報の精度や伝達システムが飛躍的に向上していけば、天気予測の「常識」を知っている人もどんどん減っていくに違いありません。このように生活に必要な知識や技能は、時代によってどんどん変化していきます。

したがって「学力低下」とは言っても、何をもって「学力」と称するかを明確にしないと、あまり生産的な議論にはならないと思われます。そういう意味で『分数ができない大学生』の指摘は、簡単な四則演算は時代を越えて必要な技能ですから、多くの人達の関心を呼んだものと思われます。必要な技能が習得されていないのは確かに問題です。

実はこの簡単な四則演算も、その必要性が疑われ始めています。計算ができなければ店番もできない時代はとっくに終わりを告げ、コンビニエンスストアの会計では、商品のバーコードにハンディターミナルを当て、入金額を入力するだけで自動的につり銭がわかるようになっています。最新式のレジスターには、機械が金種を判別してお釣りをトレイに出す機種まで存在します。ですから、現在では、もはや四則演算が店番に必要な能力ではなくなってしまいました。しかしながら、各個人は家計のやりくりをしたり、所持金の金銭管理をしたりする必要がありますから、四則演算ができないと生活が破綻《はたん》することは目に見えています。当分は、四則演算が必要技能の中に残っているだろうと思います。

私も、四則演算に限定して、大学生の計算力を調べてみました（図1-15）。最近一五年間分のデータしかありませんが、その範囲だけでも計算力が落ちていることがわかります。(13)

本当に「心配ない」のか

『分数ができない大学生』で示されたような学力低下の指摘を認めても、それでもまだ「心配はない」

という意見があります。「学力低下」が大した問題ではないという主張のひとつは、大学進学率の上昇を根拠にしています。確かに高校卒業者に対する大学進学者の率（浪人を含める）は、一九六六年には男子が一八・七％で女子は四・五％であったのに対し、二〇〇一年春になると男子が三七・七％で、女子が四一・三％まで上昇しました（文部科学省「学校基本調査速報」、2001）。ごく一部のエリートだけが大学に行くのではなく、それだけたくさんの人達が大学に進学するようになったということです。ですから、その分だけ大学生の質が平均的に下がったとしても、それは当然のことで、ごく一部のエリートの学力が低下していなければ、それでよいではないかと言うのです。

しかし、本書の主張は違います。たとえば成績上位者七％を取り上げて、それだけを年次比較したとしても、確実に学力は低下していると見ています。それは子供たちの学習の量だけでなく、質も年々低下しているからです(14)。

本書を執筆中の時点では、学習指導要領の内容が改訂のたびに削減されてきたことによって、学力が低下してきているという意見が、注目されています。確かにそういう面も多少はあるかもしれません。かつては、「詰め込み教育」という言葉が、日本の教育の悪しき特徴を表す語としてよく使われました。たくさんの知識を詰め込もうとして、誰でもうまく詰め込めたわけではなかったからです。うまく詰め込めさえすれば、知識が多いことは役に立つので別に構わないわけですから、内容を減らさずに習得法を工夫すればよかったのですが、そうはなりませんでした。

実際は「無理やり詰め込むのは良くない」という批判に応える形で、学習指導要領を改訂するたびに、各学年で教えるべき内容が少しずつ減らされました。その結果、昔の中学生なら誰でも知っているような常識的な学習項目が、中学生用の教科書にまったく登場しない例がたくさん出てきています。ですから、昔の詰め込み教育を経験している人達がそういう例に出くわすと、「こんなことも教科書に載ってないのか」と驚くことになります。私自身、中学校の多くの歴史の教科書にソクラテスの名前が載っていないことを知って、一瞬ショックを受けたことがありました。

しかし、だからと言って「学力低下だ」と決めつけるのもおかしなものです。「自分の知っていることが世間の常識の中核であるべきだ」という考えはかなり自己中心的です。世代を越えて共通知識がたくさんあれば話は通じやすいかもしれませんが、異なる知識の人から異なった考えを聞くのも良い刺激になりますし、社会生活上最低限の知識以外はそれほど騒ぐような問題ではありません。最低限の知識というのは、誰でも成人すれば選挙権が与えられて投票をすることになっているので、義務教育の間に三権分立の仕組みを習っておくということです。ですから三権分立の内容が教科書から消えてしまったら確かに大問題ですが、ソクラテスの名前などは、別に知らなくてもあまり困ったことにはなりません。

そう考えると、学習指導要領の内容削減も学力低下の主要因とは言い切れないことになり、これまた「学力低下の心配はない」という結論になってしまいそうです。この見解については、さらに充分な検討が必要だと思われます。

ですから、本書の主張は、学習指導要領の内容削減が学力低下の主要因だという主張ではありません。根本原因はもっと別のところにあると見ています。

学力低下をどう見るか

むしろ、学習指導要領はかなりうまく作られているのに、それにもとづいた教育がなされていないために、子供たちは学校が嫌になるし、勉強にはうんざりしてやらなくなり、その結果学力が低下している、と見ています。「それにもとづいた教育がなされていない」と書くとすぐに、「どうせ学校教師批判だろう」と短絡させてしまう方もあるかもしれませんが、本書は、特定の誰かを非難して原因を押しつけようとするものではありません。

現在の日本の社会には、「ごまかし勉強生成システム」が巣くっています。これは非常に強固なシステムで安定しており、ガン細胞のようにどんどん増殖しています。これが子供たちが学業から逃げている根本原因です。ここにメスを入れない限り、制度をいくら変えても相変わらず学校は嫌われ、学力低下は進行していくと思われます。そして、大げさに聞こえるかもしれませんが、日本の国力低下を招くのは必至だと思っています。

以下の章で、「ごまかし勉強生成システム」を理解していただくために、見えにくい状況を、少しずつ解きほぐしながら説明していこうと思います。ただし、その前にまず学習のあるべき姿をおさえておかないといけませんので、まず次の章では、認知心理学の成果にもとづいて「学習はどのように成立するか」を見ていくことにします。つまり、ガン細胞について理解する前に、健康な細胞のことを知っておく必要があるのと同じです。健全な状態がわかっていないと、どのように直していったらよいかもわからないからです。

第2章

学習はどのように成立するか

この章では、まず「学習の意義」を検討します。その上で、認知心理学の研究成果にもとづいて、「記憶の特徴」と「学習成立の仕組み」を説明します。「ごまかし勉強」のことを考えるためには、学習の意義や学習成立の仕組みに関して、読者の方々と私の間に共通の認識がどうしても必要だからです。

学習の意義

学習にどんな価値があるかを考えるにはどうしたらよいでしょうか。学習は学力をつけることを意図した活動ですから、「学力とは何か」から考えていくのも一つの方法です。しかし、学力とは何かという問題に踏み込んだら、議論が泥沼化するのは間違いありません。また、教育心理学の世界では、残念ながら統一見解が得られる段階に至っていないからです。これは、学力をテーマにする本がこれまでかなりたくさん出版されてきたことからもよくわかります。この問題に関心のおありの方は、永野重史著『子どもの学力とは何か』（岩波書店）に詳しい記述がありますので、そちらを御覧になってください。[1] そんなわけで、「学力とは何か」というテーマで決着がつくまで待たなければならないとするなら、それこそ教育に関する対策など何もできないということになってしまいます。

そこで本書では、現在の日本の学校が目指している、つまり文部科学省が定めた教育課程が目指している、学習のあり方を参考にして、その目標を達成する過程が学習であると考えて、議論を進めていこうと思います。これならば、日本の子供たちはその目標で学習することが期待されているわけですから、共通の前提からものを考えていくことができます。「ごまかし勉強」自体、現実の学校生活を巧みに乗り切ろうとしてなされている行動ですから、もし「ごまかし勉強」擁護者が反論しようとした場合でも、同じ土俵で議論を進めていくことができると思います。

一九九八年七月二九日に発表された教育課程審議会の答申によれば、教育課程の基準は次のようになります。[2] 少し長くなりますが、大切な前提ですから、その部分をここに引用します。I－1－(2)－ii「自ら学び、自ら考える力を育成すること」の項です。

> （前略）学習者である幼児児童生徒の立場に立って、幼児児童生徒に自ら学び自ら考える力を育成することを重視した教育を行うことは極めて重要なことである。
>
> そのためには、幼児児童生徒の発達の状況に応じて、知的好奇心・探究心をもって、自ら学ぶ意欲や主体的に学ぶ力を身に付けるとともに、試行錯誤をしながら、自らの力で論理的に考え判断する力、自分の考え

や思いを的確に表現する力、問題を発見し解決する能力を育成し、創造性の基礎を培い、社会の変化に主体的に対応し行動できるようにすることを重視した教育活動を積極的に展開していく必要がある。また、知識と生活との結び付き、知の総合化の視点を重視し、各教科等で得た知識・技能等が生活において生かされ、総合的に働くようにすることに留意した指導も重要であると考える。

各学校において、それぞれの地域や学校の実情を踏まえ、例えば、各教科等や今回創設される「総合的な学習の時間」などにおいて、体験的な学習、問題解決的な学習、調べ方や学び方の育成を図る学習などが重視されるとともに、自ら調べ・まとめ・発表する活動、話し合いや討論の活動などが活発に行われることが望まれる。

これを見ますと、ずいぶんたくさんのことが目標になっているように見えますが、大きく三つにまとめられます。これらが「学習の意義」と考えられるでしょう。

①得た知識・技能等が生活において生かされること。
②問題解決能力（思考力、表現力、創造性、……）をつけること。
③自分の力で新領域を学習できるようにすること。

この中の三番目は本文中の表現そのままではありませんが、「自ら学び」「自ら調べ」などをまとめたものです。

したがって、これら三点を達成するための行動が学習であり、より達成しやすい行動がより適切な方法であるという前提で、話を進めていくことにします。また、自ら学び、自ら考える力を育成する学習でも、当然たくさんの知識を記憶することは必要になってきますので、次に、記憶に関する認知心理学の成果を紹介致します。

記憶の特徴

1 意味を理解すると憶えやすい

図２－１を見ていただきましょう。これは有名なエビングハウスの忘却曲線と呼ばれている図です。縦軸は記憶量、横軸は時間です。この実験では、jal, fip, tek のような三文字の無意味な単語を機械的に暗記した場合、記憶量が時間と共にどう変化するかを見ていますが、このグラフでわかるように、時間がたつにつれて我々の記憶内容はどんどん消えていってしまいます(3)。これに比べ「ウミ」「ヤマ」のように意味のある単語を覚えた場合は、かなり長く記憶しておくことができます（「有意味学習」といいます）。これを利用したのが、いわゆる暗記術です。年号の数字はそれ自体無意味ですから、平安京遷都が七九四年というのはなかなか憶えられません。そこで七九四をナクヨと読んで、「鳴くよウグイス平安京」という歌で憶えるという有名なテクニックです。これによって無意味な材料が多少有意味になって憶えやすくなるというわけです。これは、無理に意味をこじつけているわけですが、そんなに無理をしなくても、日常生活

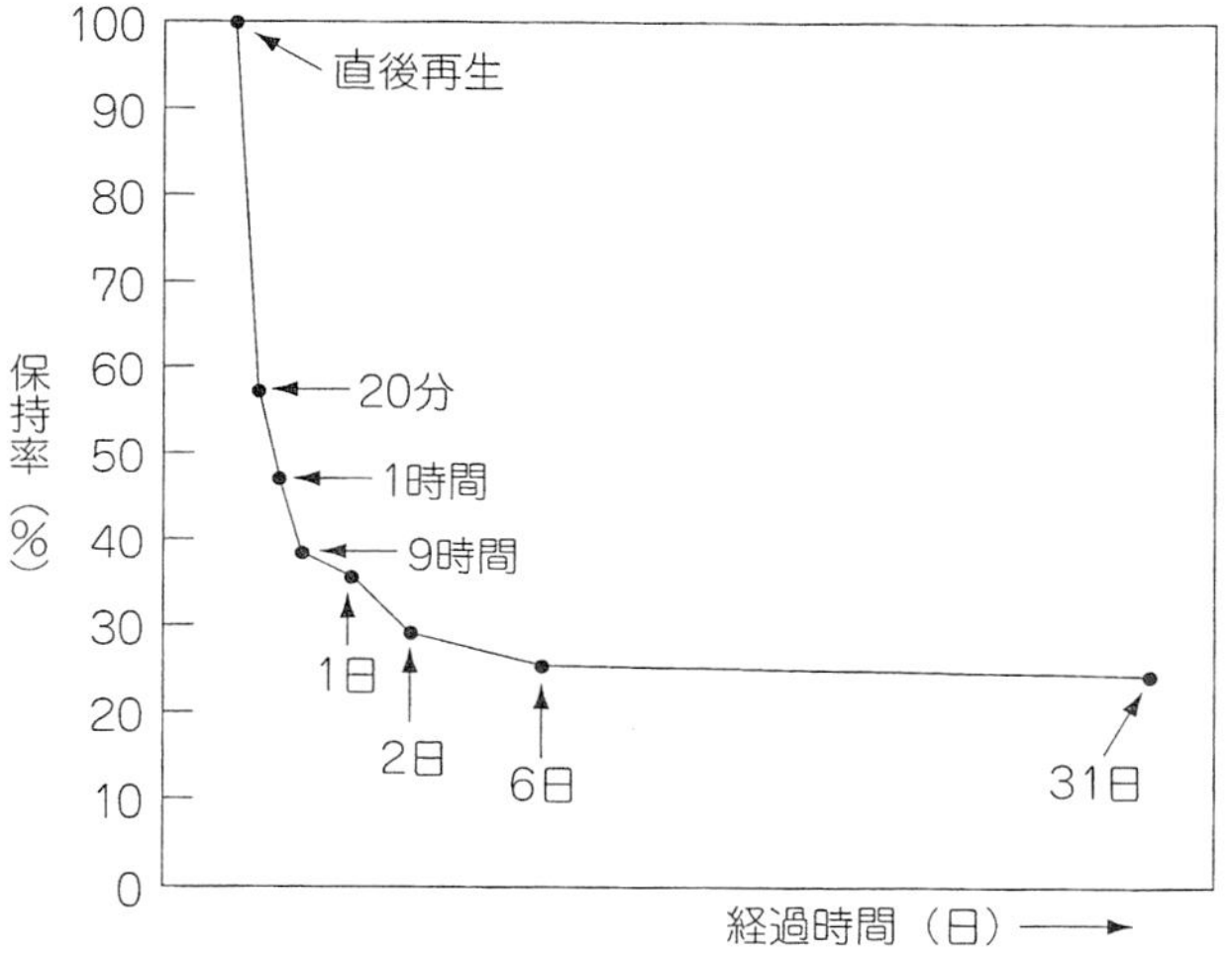

図2-1　保持時間の関数としての無意味綴りの保持率
（Ebbinghaus, 1964）

で体験しているように、初めから意味のあるものならちゃんと記憶に残っています。突然外国人から知らない言語で話しかけられた場合は、意味がわかりませんから話しかけられた言葉はすぐに忘れてしまうでしょうが、日本人から道を尋ねられたりした場合は、意味がわかりますから質問者の言葉は当分覚えているだろうと思います。ですから、意味を理解するということは学習においてとても大切なことです。

2　新しい知識は、既存の知識網に統合されると憶えやすくなる

意味を理解して記憶したものは、他のことと関連づけたり、大きな体系の中での位置がわかっていると、さらによく憶えられるようになります。

バウアーたちは、プラチナ、銅、サファイア、石灰岩など二八種の鉱物名を記憶する実験をし

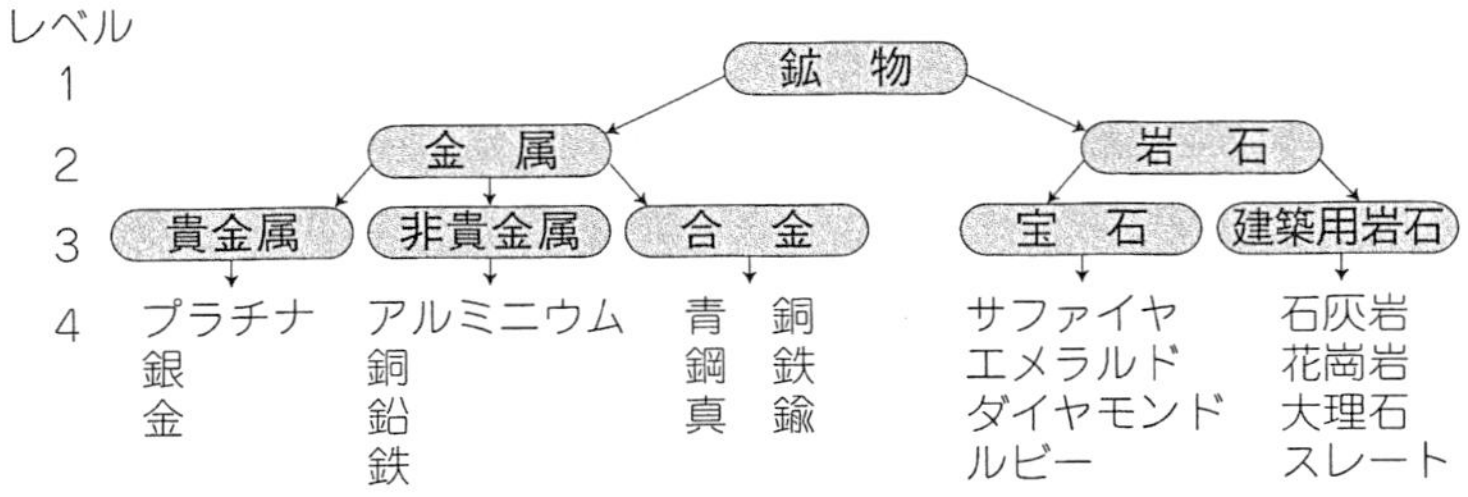

図2-2　「鉱物」という概念の階層的構造
（Bower, Clark, Lesgold & Winzenz, 1969）

ました。[4] 一つのグループには、ランダムな順で記憶させ、もう一つのグループには、図２－２のような構造で記憶させました。すると、構造がわかっている方のグループは、そうでないグループに比べ三倍もよく記憶されたそうです。

また、記憶された概念は、図２－３のような複雑な連想関係によって結びついていると考えられます。[5] このような結びつきがあるおかげで、我々はものが考えられるわけです。考えるときには、ある概念が活性化します。するとその概念につながっている他の概念も順に活性化していきます。このようにして頭の中に知識が順に呼び起こされてくるという仕組みです。（活性化拡散モデルと言います）。ですから、学習するときにはすでに知っていることと結びつけながら、意味的ネットワークを作るようにしていくことで、知識を利用可能にすることができるのです。

3　イメージと結びついていると記憶に残りやすい

バウアーは、「犬―葉巻」のような二〇対の単語の組み合わせを憶える実験をしました。[6] 一つのグループの被験者はただ繰り返して記憶し、もう一つのグループの被験者は、二つの単語を関連づけるような

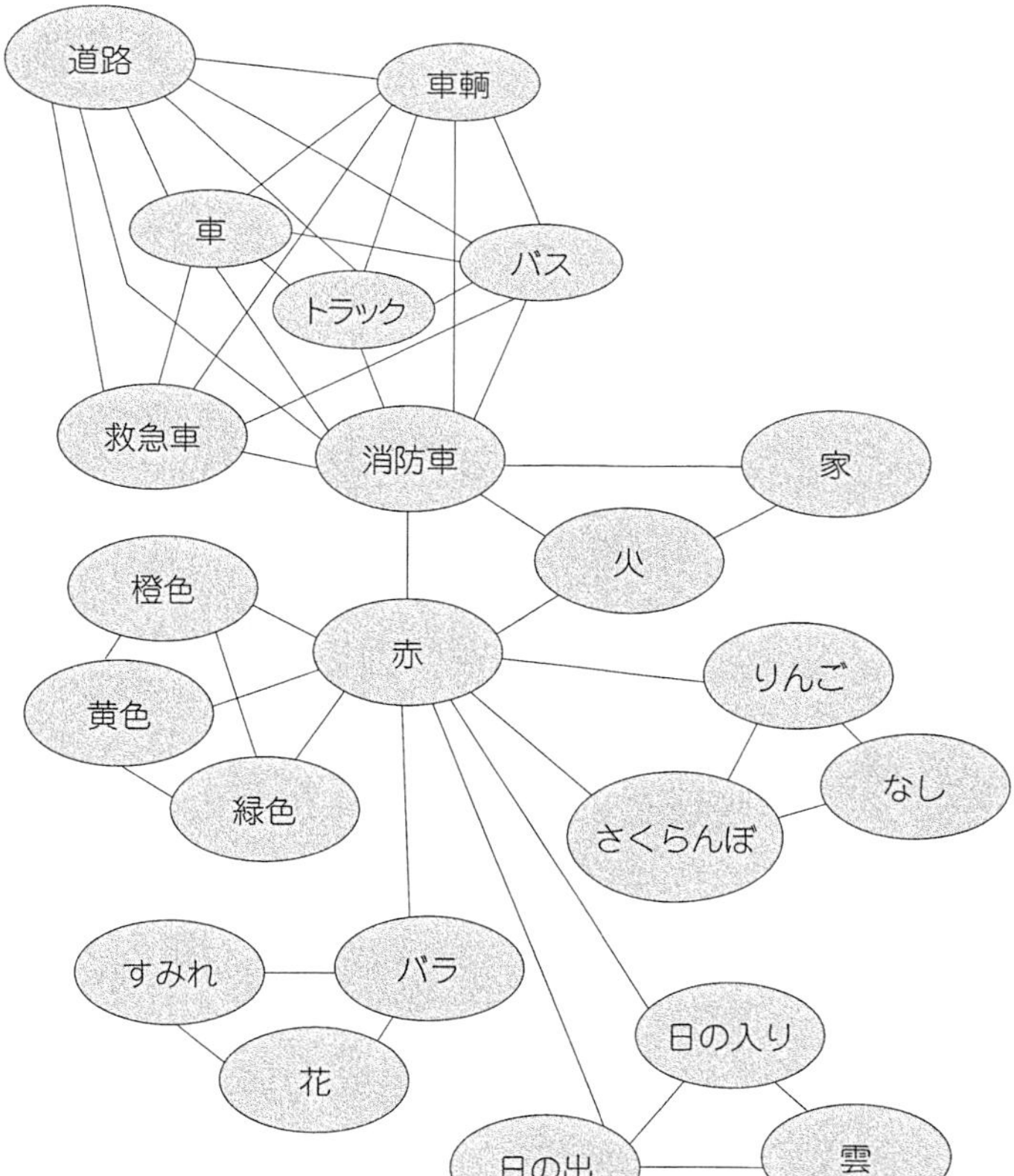

図2-3　コリンズとロフタスによる知識表現の例
(Collins & Loftus, 1975)

イメージを浮かべながら記憶しました。すると、イメージを浮かべながら記憶した方の人達は、約二倍も成績が優れていました。私たちが普段ものを考えているときは、必ずイメージを浮かべながら考えていますから、この実験結果は当たり前かもしれません。ただし、記憶の中に入った後で自然にイメージとつながることもあるのかもしれませんが、この実験のように新しいことを記憶に入れる際にも、イメージと結びつけながらだと、記憶に残りやすいことがわかります。

4 自分から気づいたことは、教わったことより記憶に残りやすい。

スラメカとグラフは、「長い―短い」のような単語の対を記憶する実験を行いました。そのとき一つのグループは、「長い―み____」のようにヒントだけ与えられて自分で考えつく条件、もう一つのグループは初めから答えを教えてしまう条件で記憶するというやり方を取りました。すると、自分で知っている語彙から思い出してきて記憶する方が、二倍ぐらい成績が良くなりました。これは、反対語だけでなく、同義語、同類語、連想語など他の性質の対を作っても同じことでした(7)。これは、自分の既有知識を積極的に生成し関連づけながら、新しいことを記憶すると、より定着しやすくなることを示しています。暗記確認タイプの問題も、初めから解答を与えられて記憶するより、まず自分で答えを出してみることが大切だということがわかります。

5 記憶対象は、その提示位置による影響を受けやすい

記銘したこと（頭に入れたこと）は、すべてきちんと保持されているとは限りません。たとえば、単語帳

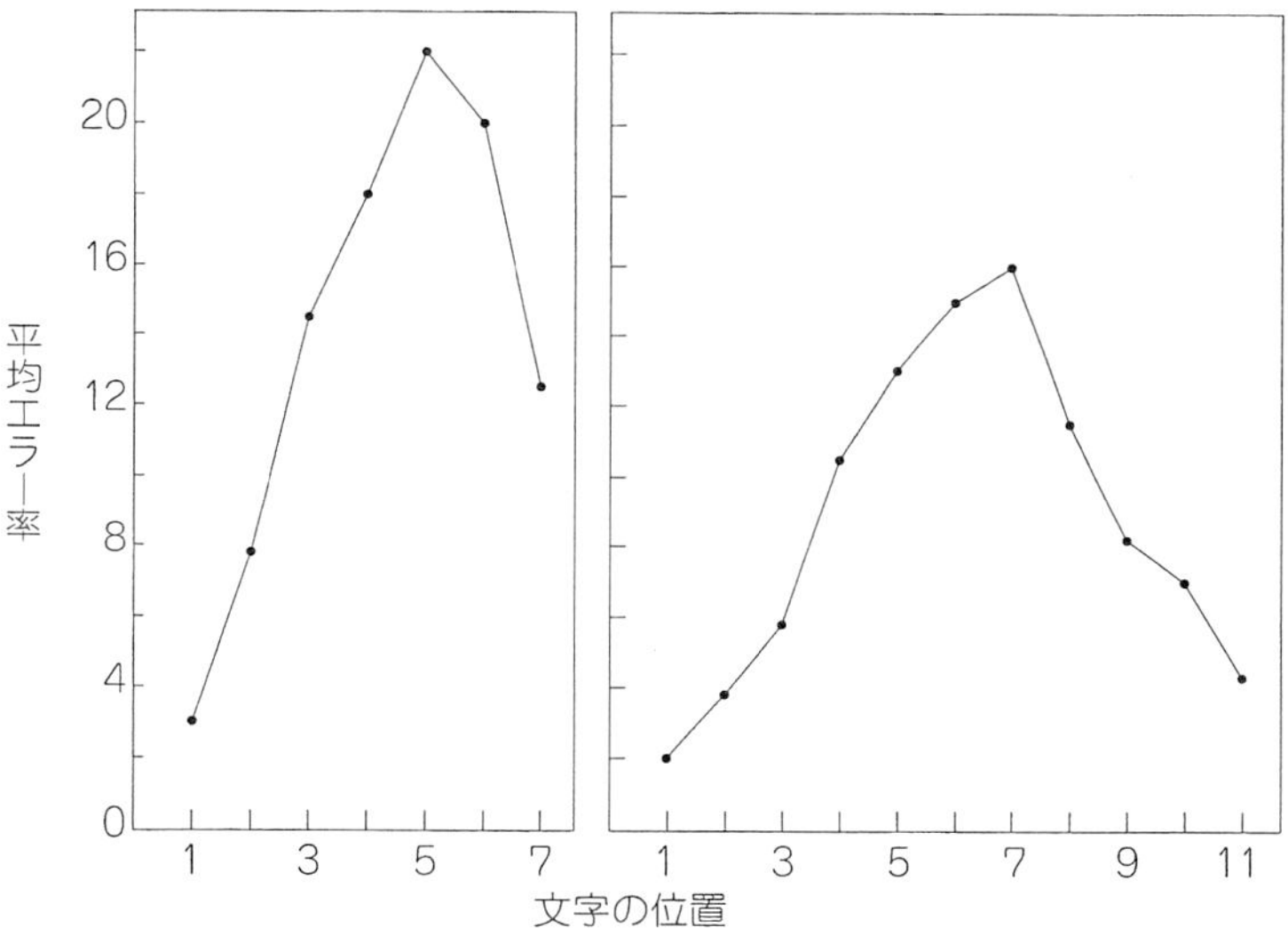

図2-4　スペリングのまちがいにおける系列位置曲線
(Jensen, 1962)

のある一ページを学習して、ページの上の方と下の方の単語はよく憶えられたのに、中央のあたりの単語は憶えにくかったという経験をお持ちの方は多いと思います。このことは、心理学でも確かめられていて、「系列位置効果」と呼びます(8)。

ジェンセンは、中学二年生には七文字からなる単語の綴りテストを、大学一年生には一一文字からなる単語の綴りテストをしました。その結果を示したのが、図2-4ですが、七文字単語であれ一一文字単語であれ、中央の部分にある文字が間違えやすいことがわかります(9)。このように、まとめて提示されたものは、その位置によって記憶のされやすさが異なります。これは、多分記憶するときに、提示位置情報も一緒に記憶されるのだと考えられます。ですから、たとえば同じ単語リストを記銘する場合でも、毎回順序を変えて記銘するようにすると、保持されやすさが均等になります。

位置による影響を受けやすいことは、文章中の用語に関しても当てはまります。教科書の重要語をマスクして記銘したりすると、右上の用語はA、左下の用語はB等と記憶に入ってしまい、憶えたつもりが異なる文脈のテストではできなかったりします。

6 憶えようと意図すると、記憶に残りやすい

エステスとダポリトは、単語のリストの記憶実験をしました。一つのグループにはあらかじめ書き取りテストをすると予告してありました（意図的学習条件）が、もう一つのグループにはテストの予告はせず、ただ単語の楽しさの判定だけ（偶発的学習条件）をしてもらいました。そして両方のグループに書き取りテストをすると、もちろん、予告してあったグループの方が良い成績になりました。このことから、憶えようと強く思ったときにはよく記憶に残るが、そうでないと偶然レベルの記憶にしかならないことがわかります。この実験のここまでの結果は、読者の方々の予想どおりだと思いますが、実はついでにもう一つ、とても興味深いことが見つけ出されました。

この実験においては、書き取りテスト（心理学では再生テストと言います。自分から記憶内容を再生産するかららです。）だけでなく、再認テストもやってみました。再認テストとは、テスト問題中に正解答を示してしまい、それがあったかなかったかを判断するテストです。いわゆる○×テストや多肢選択テストは、再認テストになります。さて、結果がどうなったかおわかりでしょうか。再認テストでは、何とどちらのグループの成績もほとんど変わりませんでした。ですから、再認テストをやっても、頑張って学習したかどう

かは、あまり判定できないことがわかります[10]。

7 自分で書いたり、説明したりすると記憶に残りやすい

さて、再生テストと再認テストを比べると、再認テストの方が明らかに簡単です。多肢選択テストなどでは他の選択肢がヒントになってしまいますし、記憶に入れる段階でも、再認テストなら際立つ特徴だけを憶えていれば済むのに対し、再生するためには完全な情報を憶えていなければなりません。たとえば、「薔薇」「藪蛇」「阿弥陀籤」という漢字を読める人は多いでしょうが、すべて正確に書ける人は少ないのではないでしょうか。

したがって、再生テストと再認テストでは効果的なテスト準備方法が異なってくるわけですが、内容の確実な習得という点から考えれば、実際にどんなテストがあるかは別として、再生テスト向きの学習をしておく方が有利です[11]。

再生テスト用の準備とは、実際に自分で書いたり、口頭で誰かに説明したりすることです。「書けば憶える」ということは、多くの人の経験知になっています。「カンニングペーパーを書いていたら、その作業で憶えてしまった」という話もよく聞きます。自分で書くことがいかに記憶に残りやすいかを示していると思われます。

また、自分の言葉で説明しようとすると、頭の中で深い処理をせねばならない（このときの頭の働きを「創出システム」と呼びます）ので、記憶によく残ります。バウアーとクラークは、一〇語の単語からなるリストを記憶させる実験をしましたが、単語だけを記憶するグループより、自分で物語文を構成するグループ

の方が、六、七倍も高い成績を収めました。断片をつなぎ合わせて、意味づけをする作業を自分の頭の中で行うことが、いかに記憶に効果があるかがわかります。[12]

以上の記憶の特性は本書の内容を理解するのに重要ですので、まとめておきます。

> ①意味を理解すると憶えやすい
> ②新しい知識は、既存の知識網に統合されると憶えやすくなる
> ③イメージと結びついていると憶えやすい
> ④自分から気づいたことは、教わったことより憶えやすい
> ⑤記憶対象は、その提示位置による影響を受けやすい
> ⑥憶えようと意図すると、憶えやすい
> ⑦自分で書いたり、説明したりすると憶えやすい

学習の仕組み

それでは、次に学習について見ていくことにします。

一般に、心理学で「学習」という語が使われるのは、①新しい行動の獲得において、②経験によって行

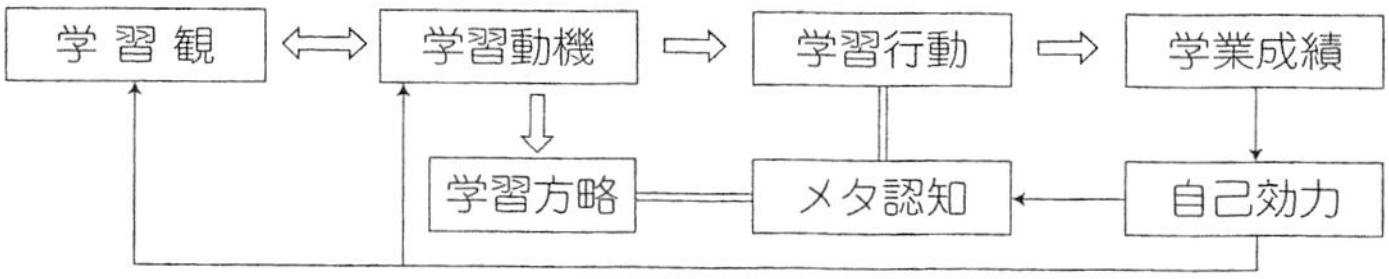

図2-5　学習の機構

動が変化し、③その変化が永続するという条件がそろっているときです。ですから、かなり広い意味でこの語を使います。しかし、本書で扱っている「学習」は日常よく使われているような「学力をつけるための行動」という意味ですから、心理学で言う「学習」よりかなり狭い意味になりますので、「学習」一般の成立過程というよりは、学力をつけるための学習の成立過程に限定して、ここで説明します。

まず、上の図2‐5を見てください。私たちは誰でも「学習とはこんなものだ」という考えをもっていますが、それが学習観です。学習動機は「やる気」を起こしている源ですが、「自分はこれのために頑張るんだ」という気持ちと考えていただければ結構です。そしてそのやる気に支えられて学習行動があります。学習の結果が学業成績です。学業成績から出ている矢印の先は、自己効力です。「自分はこれくらいなら頑張れるんだ」という自分に対する期待度です。自己効力が高ければ、もっと難しいことに挑戦してみようという気持ちになるでしょうし、低ければやる気は出てきません。そういうわけで、自己効力は学習観や学習動機に影響を与えていますので、矢印でつないであります。学習行動にはメタ認知がつながっています。メタ認知というのは、絶えず自分の学習行動を見守っている「学習の番人」のような存在で、「確実に記憶されたので、もう学習を終了してよい」とか「まだ理解が足りないから、図解しながらもう一度読み直せ」などと、本人の学習にいろいろと口を出します。そして、貯蔵庫に記憶されているさまざまな学習方略（学習をうまく成功させるための作戦）をひっぱり出してきては、学習行動に応用するのです。

以上が、学習の機構の概略です。実は人間の学習行動に影響を与える要因はこれだけではありません。読書経験が豊富なため、活字を追うのが苦痛でない人は、学習が比較的スムースに進行しやすいですし、学習が大好きでいつも学習が順調に進む人でも、不愉快なことがあってイライラしている場合には、学習がまったく進行しなかったりします。ですから完璧な機構の紹介をしようとすると、際限がありませんので、ここでは、ごまかし勉強に関係する図2-5の内容に限定して、解説をしていこうと思います。

学習観

まずは、学習観です。「学習とはこんなものだ」という学習の仕組みに対する考え方を言うと前節で説明しました。たとえば、「数学の問題が少し考えてもできないときは、解法を知らないのだから決して解けない」(13)とか、「数学の正答は一つだが、国語の正答は一つに決まらない」(14)というような見方です。

梶田正巳『授業を支える学習指導論ＰＬＡＴＴ』（金子書房）は、教師の授業観と生徒の学習観の構造を探究した書ですが、それこそたくさんの学習観が紹介されています。たとえば「テキストを朗読することが、英語上達の安楽な道だ（國弘正雄）」「数学は暗記科目である（渡辺由輝）」などです。読者の方々も、いろいろな科目に対してこういった信念をおもちだと思いますが、これにはかなり個人差があるようです。そして同書では、各人の学習観を見るのに、五つの尺度が提案されています。たとえば、読者の方々は次のどちらに近いでしょうか。「学習は少しでも毎日すべきだ」対「学習は気ののったときに一気にすべきだ」、「計画は緻密な方がよい」対「計画にはこだわらない」。この研究は、それまでとらえどころのなかった学習観の個人差が、複数尺度で測定可能だということを示した点で画期的でした[15]。

さて、そろそろ学習観とは何かがはっきりしてきたと思いますが、このように学習観は無限通りの可能性があります。しかしながら、どんな学習観をもっていても学習が効果的に進行するかというと、そうはいかないことがわかってきました。

西林克彦『間違いだらけの学習論』（新曜社）には、比較的よく見かける学習観を検討した研究が、たくさん紹介されています。これを見ると、次のような学習論は、効果があまりないのに信じられてしまっていることが、よくわかります[16]。

正しくない信念に×、それに代わるべき正しい内容に○をつけて示すことにします。

×「何かを学習する時には、学習対象の量が少なければ少ないほどやさしい。」
○無意味材料を学習する場合には、学習材料の量が少なければ少ないほど、学習は容易である。
○無意味材料を学習する場合にも、無理やりにでも有意味化しておくと、学習が容易になる。
○有意味材料を学習する場合は、その有意味さをはっきりさせておくと、学習が容易になる。
○無意味材料を有意味化したり、有意味材料の有意味さをはっきりさせたりすると、学習対象の量は、その分だけ増加する。
○学習対象の量は増えても、有意味化して学習した方が、結局は、よく学習できる。

×「繰り返し経験すればするほど、よくできるようになる。」
○……とは限らない。練習は考えながらしないと効果がない。

×「ほうびや罰が大きくなれば、それが学習や問題解決を促進する効果も大きくなる。」
○学習対象がやさしいもの、あるいは機械的で意義や魅力を感じないものであれば、ほうびや罰の存在は、学習を促進させる。
○学習対象が難しいもの、それに意義や魅力を感じる可能性があるもの、あるいは学習対象それ自体の面白さや興味深さで活動しているような場合には、ほうびを与えることによって、かえって内発的な意欲を減退させる。

まだまだたくさん紹介されていますが、紙面の都合上これぐらいにしておきます。

以上のことから、個人のもつ学習観はさまざまですが、学習観には優劣がありますので、どんな学習観でもよいというわけにはいきません。

学習を効果的に進めるには、「できるだけ意味理解をした方がよい」「ただ繰り返せばよい、というわけにはいかない」「ただ学習対象の量を減らせば楽になるとは限らない」「賞罰はいつも有効とは限らない」といった学習観をもっている必要があります。

学習動機

次は学習動機です。前に述べたように、学習動機は「何のために学習するか」という学習行動を起こさせている心の状態を言います。動機は場面によっても変化しますが、一人の人については、かなり恒常的な面をもっています。この学習行動に向かう心理的状態やその状態に仕向ける働きかけは、動機づけと言われています。

動機づけに関しては、内発的動機づけと外発的動機づけが有名ですので、御存知の方もおられるかもしれません。学習それ自体が目標になっている場合が内発的動機づけで、学習が別の目標の手段になっている場合には外発的動機づけになります。たとえば、ここに二通りの英語の学習者がいて、一人は好きだからという理由で英語をやっており、もう一人は、良い成績を取ったら好きなものが買ってもらえるという褒美を当てにして英語学習をやっているとします。この場合前者は内発的に動機づけられていて、後者は外発的に動機づけられていることになります。

デシによれば、人は内発的に動機づけられている場合には、自発的創造的になり、適度に困難な課題を求めて活動を続けようとするのに対し、外発的に動機づけられている場合には、成果に達するのに最も簡単な方法で、必要最低限のことだけをしようとするようになります。さらに、せっかく興味をもって何かをやろうとしている人に対して、報酬、罰、期限、監視、ノルマのような手段（外発的動機づけの手段）によって行動を持続させようとすると、内発的動機づけが低められてしまうと言います。[17]

動機づけの研究は多くの心理学者の注目を集め、その後かなりいろいろなことがわかってきました。たとえば興味のない課題に取り組んでいる人に限っては、外的報酬を与えることで内発的動機づけが高められることもあるようです。[18] ですから、学習に対してはあくまで内発的動機づけが原則ではありますが、嫌なことを乗り切る誘因としては外発的動機づけが有効なこともあり得るわけです。

その他にも興味深い研究成果がいろいろありますが、ここでそのすべてを紹介することはできませんので、関心のある方には、速水敏彦『自己形成の心理』(金子書房)を参考書としてお薦めします。[19]

さて、中学生や高校生と接していますと、実際にはさまざまな動機で学習していることがわかり、単に内発的か外発的かで分けるのは、かなり無理があるように見えます。実際の子供たちの学習動機を最も的確に表していると思われる「学習動機の二要因モデル」を、本書では紹介したいと思います。

次ページの図2-6が、市川伸一『認知カウンセリングから見た学習方法の相談と指導』(ブレーン出版)に紹介されている、学習動機の二要因モデルです。[20]

充実志向は、新しいことを知りたい、いろいろなことがわかると面白いといった、学習自体の楽しさを求める動機です。これが従来からの、典型的な内発的動機になります。

訓練志向は、頭の訓練をしたい、合理的に考えられるようになりたい、など自分の頭の働きを高めたい動機です。

実用志向は、学習したことを将来の仕事に役立てたい、知識や技能を使う喜びを味わいたいなどの、活用目的の動機ということができます。

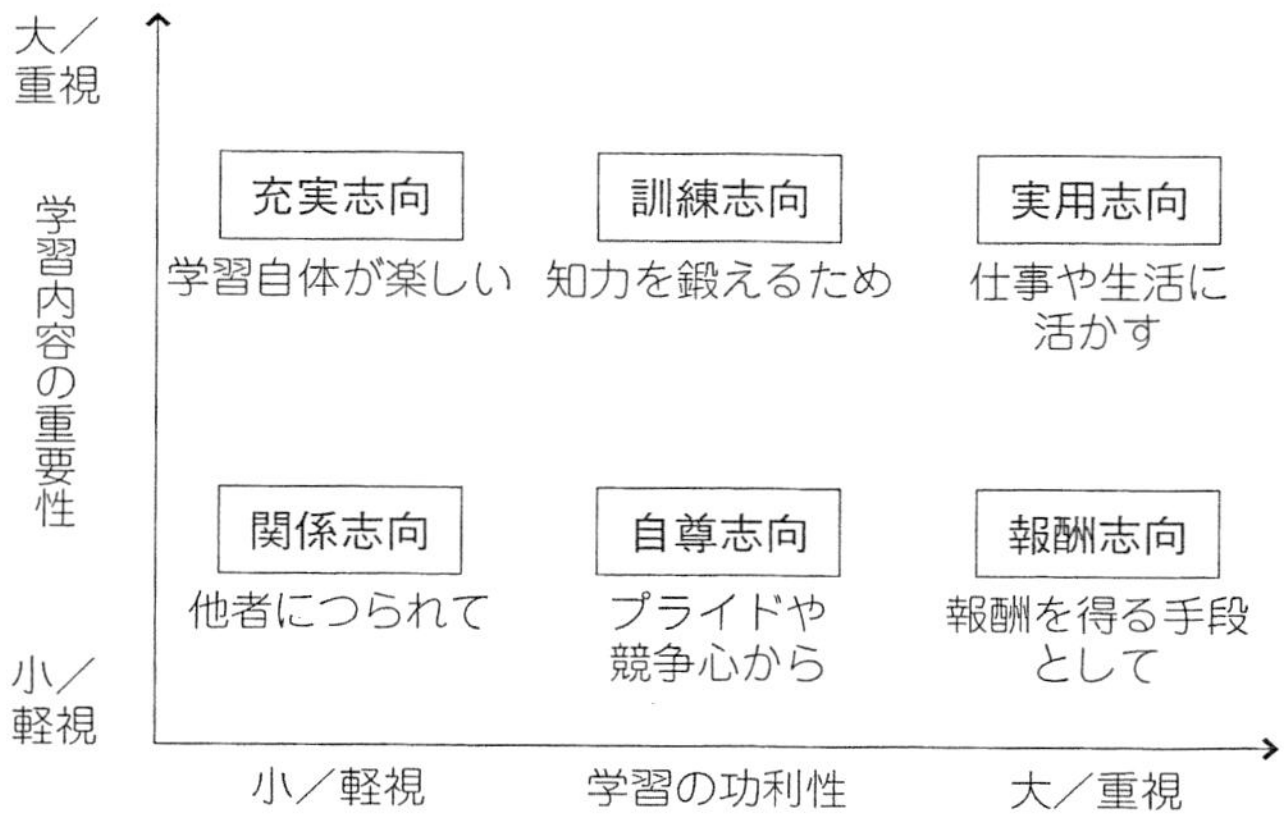

図2-6　学習動機の2要因モデル
（市川，1986）

関係志向は、皆が学習するから当たり前、親や先生に認められたいといった、人間関係が基本にある動機です。自尊志向は、ライバルに負けたくないとか、仲間から尊敬されたいのように、プライドや競争心によって学習しようという動機になります。

報酬志向は、御褒美目当て、学歴目当て、地位目当てなど、学習を手段として自分が価値があると思う報酬を得ようとしたり、親や先生に叱られないように学習するという動機で、従来の枠組みからすると、典型的な外発的動機づけになります。

このモデルを導入することによって、従来の一次元尺度では見えてこなかった実際の生徒のさまざまな動機が浮かび上がってきました。

そして、実際の生徒は、一人がただひとつの動機だけで学習しているわけでなく、いくつかの動機の複合によって学習していることもわかりました。そのとき、図2-6の上三つ、すなわち充実志向-訓練志向-実用志向（合わせて内容関与的動機と呼びます）は互いの相関が高く、一緒に現れやすいこと、また下三つ、すなわち関係志向 - 自尊志向 - 報酬志向（内容分離的動機）も、一緒に現れやすいという結果になっています。このことは、人は一般に、学習が役に立つかどうかという次元（横軸）でものを考えるよりは、学習内容自体に意義を感じるかどうか（縦軸）を重視する傾向があるということを意味していると思われます。

メタ認知

図2 - 5では、学習動機の次は学習行動となっていますが、行動については改めて説明する必要はないでしょう。むしろ、学習行動にいろいろと指図をする「メタ認知」の説明が必要だろうと思います。

メタ認知とは、文字どおりには「認知についての認知」ということで、自分の情報処理活動をモニターしたりコントロールしたりする働きです。モニターする働きとしては「今取りかかろうとしている課題はやさしいか難しいか」「集中して取り組んでいるか」「推論は正しいか」「意味を理解しているか」「きちんと全部覚えられたか」「学習の方法は適切か」といったことを絶えず見守りながら点検しています。コントロールする働きとしては、学習時間を配分したり、「現在の活動を続けるのか打ち切るのか」を判断して命令したり、必要な学習方略を記憶から呼び出して実行したりします。

学習に遅れが見られる場合、メタ認知が充分に機能していないことが原因というケースが結構あります。自分が教材を理解していないことに気づいていないとか、重要事項が充分に記憶されていないことに気づいていないという場合には、本人は充分に学習したつもりになっていて、実は不充分ということになりかねません。また、学習方略の知識が充分でない場合も、努力のわりには成果が出ないため、学業成績の伸び悩みの原因になったりします。したがって、いかにメタ認知を発達させるかが、教育の重要課題です。

学習方略

「学習方略」は、効果的に学力をつけるための学習上の作戦を指します。記憶の構造にかかわる重要な方略から、ちょっとした工夫に過ぎない小さな方略まで、さまざまなものがあります。現在の日本の学校では、学習方略が系統的に教育されるようにはなっていませんので、各人が試行錯誤で学習方略を習得していかねばならず、活用の度合いには個人差があります。

本書は、中学生や高校生にも読んでいただきたいと考えていますので、いくつかの方略をここで紹介しておきます。中には、学術的に証明されているものもあれば、単に経験から編み出されたものもあります。名称については、一般的なものもあれば、私が勝手に命名したものもあります。いずれも中学生に紹介して重宝がられたものですので、中学生や高校生の読者の方は、お役立ていただければ幸いです。

①体制化

本の目次を見ると、その領域の体系がわかります。これで頭の中を整理しながら理解します。いつも全体の構造を見ながら、部分の知識を取り入れるようにしていくと、早く理解できます。要点整理は、図解、表解し、紛らわしいものはまとめて違いのわかる一覧表を作成すると、混乱せずに済みます。一覧表は、記入位置を工夫すると暗記材料として活用が可能です。

②有意味化

できるだけ意味理解の部分を多くすると、印象が強くなると同時に、他の概念との関連もわかるようになるので、強引な詰め込み行動を減らすことができる上、いつまでも忘れません。無意味なものは、こじつけの有意味化でも構いません。

③反復

技術習得には反復練習が効果がありますし、知識も意味を理解した上で繰り返すと憶えやすくなります。

④過剰学習

学習の終了後も、さらに学習を追加すると記憶によく残ります。クリューガーによれば、練習量五〇％の過剰学習が最も効率的なのだそうです。(21)

⑤イメージ化

文章を読むときはできるだけ場面を想像しながら読みましょう。理解が深まります。語学の暗記用例文も、イメージを浮かべると暗記しやすくなります。

⑥図解・表解

抽象的な内容は具体的なイメージが無理ですから、図解した上でイメージ化しましょう。たとえば数学の文章題は、線分図などで図解すると解決することがたくさんあります。図形問題は、自分で図を画くことが原則で、そこに与えられた条件をすべて書き込んでみましょう。時間的に変化する歴史の年表的図解や、元素の周期律表のような図は、位置情報が記憶に影響することの積極的活用になります。このように、図解方略とイメージ化方略は融合利用が可能です。

⑦説明

自分の言葉で言い換えてみることができるかどうかで、複雑な概念を理解したかどうかが、判定できます。これには要約と敷衍《ふえん》があります。どちらも内容理解ができていないとうまくいきません。

⑧教訓帰納

間違えた問題は、正解法を理解するだけでなく、誤りの原因を考えて教訓を引出すと応用力が付きます。

⑨攪乱

小テストなどで暗記の確認をするときは、順序をばらばらにしてテストしてみましょう。系列位置で憶えてしまうことを防ぐことができます。このためには、暗記カードを作成して、トランプのようにシャフル（切ること）しながら確認するのが便利です。

⑩焦点化

なかなか記憶できない項目、習得できない演算などは、失敗のたびにマークして集中訓練をすると時間の節約になります。「満遍なく」よりは、わかりにくい部分、覚えにくい部分に「焦点化して」学習しましょう。

⑪色分け

ノート記入などでは、色を効果的に使って分類していくと、概念化が容易になります。たとえば、地域別対比世界史年表で産業革命の時期をある色でマークすると、産業革命がイギリスから各地に伝播していく様子がよくわかります。数学の問題文中で、条件と結論部分に別の色をつけておくと、考えやすくなったりします。ここで大切なことは、色使用の原則を変えないことです。

⑫検索方略

文章を読みながら重要点や疑問点にアンダーラインを引いたり、特殊なマークを付けておくと、後で見つけやすくなります。タックインデックス、シール、付箋、しおりなど見つけやすくする事務用品をいろいろ工夫してみましょう。索引がついている本は、それも活用しましょう。必要な語句が、本の中からすぐに捜し出せます。

こういったものが学習方略です。いろいろ学習法を工夫している読者の方なら、どなたでも実行されている内容でしょうが、中学生高校生だと知識に個人差があるようです。

相互影響

学習行動の結果、学業成績が出てきますが、これが自己効力に影響します。いつも悪い成績を取って、その結果自分は努力してもだめだと信じ込んでいる子供には、「あなたは頑張ればできるんだよ」といくら言葉で説得しても、動機づけを高めることは困難です。なぜなら、過去の失敗の経験にとらわれて、これから起こす行動についても、自分がうまくやれるという確信がもてなくなっているからです。こんなときは、努力を強調されればされるほど、無力感に陥ってしまいます。

逆に、成功経験を結構たくさん積んでいる場合には、新しい認知技能を獲得する課題についても、うまくやれそうだという信念をもって臨めることになります。こういった信念が自己効力です。自己効力が高ければ、その後の学習動機も高まることになります(22)。

学習動機については、他への影響はどうなっているでしょうか。図2-6で示した「学習動機の二要因モデル」を再度見ていただきましょう。堀野・市川は、学習観、学習動機、学習方略、学業成績の相互関係を、重回帰分析という手法で詳しく分析しました[23]。これによると、学習動機のうち上段三つの「充実志向」「訓練志向」「実用志向」（「内容関与的動機」）はいずれも「体制化方略」「綴りイメージ方略」「反復方略」のそれぞれに有意な回帰係数を示しました。しかし、下段三つの「関係志向」「自尊志向」「報酬志向」（「内容分離的動機」）はどの方略に対しても有意な回帰係数を示しませんでした。このことは、内容関与的動機で学習する人は、メタ認知が有効に働きやすいために様々な学習方略を活用していることを示しています。さらに、内容分離的動機で学習する人は、そのことがあまり学習行動に影響していないことも見てとれます。

学習方略と学業成績の関係では、体制化方略、綴りイメージ方略、反復方略の三つのうち、体制化方略が、授業復習基本テスト、自由教材基本テスト、応用長文テストのすべての成績に有意な回帰係数を示しました。つまり、体制化方略を利用しながら学習を行っている人が、テストで優秀な成績を収めやすいという傾向があるということです。頭の中を整理しながら学習しているわけですから、ある意味で当たり前と言えば当たり前ですが、学習方略の効果を示す重要な証拠と言えるでしょう。綴りイメージ方略や反復方略ははっきりした結果が出ませんでした。このことから、単語の指示対象のイメージ化でなく、記号自身をイメージ化するという方略や、意味も考えずにただ単に反復するという方略が、それほど有効ではないということがよくわかります。

ここまでのことをまとめると、内容関与的動機で学習に取り組み、メタ認知を働かせながら方略を活用するのが、学業成績をよくするのに最も有効だということになります。そういう内容関与的動機と最も結びつきやすい学習観はどんな学習観でしょうか。

前掲書によれば、一九八〇年代の後半から、学習につまずきやすい子供たちに共通した学習観がしばしば観察されたと言います。それは次の三つです。

◎結果主義――思考過程よりも、とにかくその場、その場で答えが合っているか、間違っているかが大切である。
◎暗記主義――答えを出す手続きや、断片的な知識を正確に憶え込むのが学習であると考える。
◎物量主義――単純な反復による習熟が学習だとして、工夫をせずに学習時間や練習量だけを重視する。

余談ですが、私が初めてこの研究成果を学会で聞いたのは、九〇年代の前半です。そのときに度胆を抜かれたことは今でも忘れません。実は、ちょうど同じ頃、私も学習につまずいた子供たちの学習観に共通点があることに、学習カウンセリングの過程で気づいていました。私が気づいていたのは次の五項目ですが、何とそのうちの三項目までが完全に一致していたのです。

◎学習範囲の限定――多くのことをわかろうとするのでなく、学習範囲をできるだけ減らそうとする。
◎代用主義――要点整理や暗記カード作りを自分でやらずに、他人のを利用する。
◎機械的暗記志向――意味を理解しようとせずに、機械的に憶えて済まそうとする。
◎単純反復志向――学習法を工夫せずに、ただ繰り返して量をこなそうとする。
◎過程の軽視傾向――自分の解答が正解かどうかだけに関心があり、誤りの原因や別解などに関心がない。

私としては、百万の味方を得たような気になりました（本書の執筆を勇気づけた事件です）。私の五項目についてては、次の章で詳しく触れたいと思います。

さて、これらの学習観は、この章の初めに述べた記憶の特性から考えたときに、決して知識の蓄積を促す学習観ではありません。そこで市川は、これらの学習観と対立する効果的な学習観三つと、学習動機の相関を調べてみました。[24] すなわち、思考過程の重視（↕結果主義）方略志向（↕物量主義）意味理解志向（↕暗記主義）の三つです。これらは、やはり内容関与的動機と相関が高いという結果になりました。つまり、学習内容に関わる学習動機をもっている人達の学習観は、学術的に見ても効果的な学習観だということです。物の見方が適切であれば、方法も適切になり、成果も得られるため、さらに適切な見方が強化されて、達成度が高くなるという、好ましい循環が見えてきます。

学習の好循環

さて、それではこれまで述べてきたことをまとめて、学習の理想的な進行の姿がどのようなものかを、考えてみたいと思います。次のページの図2－7を見ていただくことにしましょう。この図は、最も効果的に学習が進んだ場合のメカニズムを表しています。

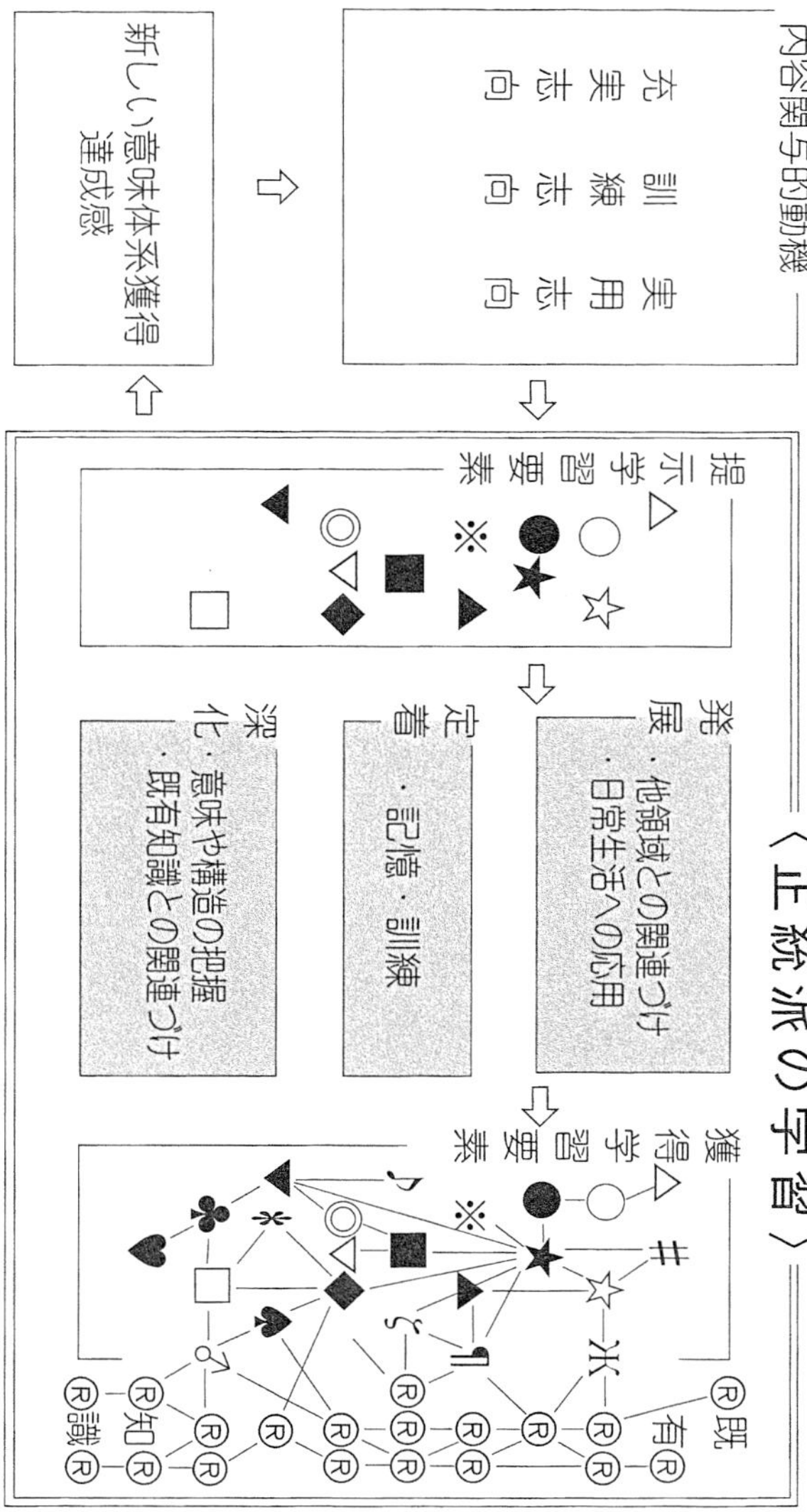

図2-7　望ましい学習のメカニズム

まず左上を見てください。「内容関与的動機」と書いてありますが、この枠は学習動機の枠と考えてくだされば結構です。この章の前半で述べたように、人はいろいろな動機で学習に取り組みますが、取りかかりは何であれ、ここに書いてあるような「充実志向」「訓練志向」「実用志向」といった動機で取り組んだときに、学習方法がより適切になり、学業成績にも良い影響をもつので、この三つだけが書いてあります。

矢印をたどって右側を見ていくと、大きい枠があります。枠の中の一番左側は、提示学習要素となっています。ここは学習者に対する入力情報と考えてください。我々の学習はいろいろな場面で行われますが、この本では、学校の授業がきっかけとなる「学業」を中心に考えていますから、この枠は教科書から取り込む情報ということになります。

授業中に教科書を見ただけでは記憶に残りませんから、通常は、授業中や復習やテスト前の準備などで、三つの学習行動が必要になります。それを、「深化学習」「定着」「発展学習」と呼ぶことにします。

「深化学習」とは、出てきた用語の意味を理解したり（有意味化）、イメージを浮かべたり（イメージ化）、学習内容の体系を把握したり、すでに知っていることとの関連を考えたり（体制化）することです。これによって、学習内容がより活用しやすくなったり、記憶に残りやすくなったりします。これらの「精緻化方略」（記憶しやすいように情報を加工する方略）[25]が力を発揮するのが、まさに深化学習です。これらの方略は、大好きな領域を学ぶときには誰でも自然に活用していることですが、別に特に好きでない領域に関しても、精緻化方略を行うことで、内容がよく憶えられることがわかっています。

「定着作業」は、試験準備などでよくやることです。記憶すべき内容を自分で抜き出して暗記カードなどを作って、意図的に覚えるとよく記憶に残ります。自分で要点をまとめたり、暗記カードを作ったりすると、それだけでもう覚えてしまったりしますが、これは前に述べたように、やはり心理学的に根拠のあることです。

また、計算などの技能的内容については、反復方略によってより円滑な処理が可能になることは、改めて言うまでもないでしょう。

「発展学習」は、自分の興味にもとづいて、学習内容をさらに発展させ、新しい事がらを調べたり、日常生活への応用を考えたりすることです。これを行うことで、「探究をする力」や「創作の力」がついて、問題解決力や独創性を伸ばしていくきっかけになります。

さて、これらの学習行動をとった結果が、獲得学習要素の枠内に示されています。この枠は、頭の中の知識がどのように結びついているかを模式的に表しているとお考えください。我々の頭の中の知識が、ネットワークになっていることは、すでに述べました。図の中のそれぞれの記号は、一つひとつの概念です。学習以前からの既有知識Ⓡのネットワークに、教科書で学習した概念などがつながって、さらに大きなネットワークが形成されているのがわかります。

梶田は、この新しいネットワークの獲得を「意味移植」と呼んで、臓器移植と対比させています。臓器は移植に成功すればすぐに自分の臓器として使えますが、拒絶反応が起きたりして移植に失敗すると臓器は使えません。意味にもまったく同じことが言えますので、とてもわかりやすい譬《たと》えです(26)。

今見ていただいた大きい枠が「学習」として機能していることで、本書ではこれを「正統派の学習」と呼んでいます。

正統派の学習の枠から出ている矢印を左にたどると、「新しい意味体系の獲得」「達成感」と書いた枠があります。これは、学習の心理的効果を表しています。学習によって、現実の世界がよりよくわかるようになり満足した気持ち、「目から鱗《ウロコ》の状態」と考えていただけるとよいと思います。

学習することによって満足が得られると、その結果学習意欲が高まりますから、図では上向きの矢印が描かれています。学習意欲が高まると、また正統派の学習が実行され、また満足が得られるので、さらに意欲が高まることになります。つまり良い循環が形成されるのです。以上がこの図の説明です。

もし、子供たちの中に、学習に関してこのような良い循環が形成されていれば、自ら学び自ら考える力が形成され、学習に対する満足度も非常に高くなると考えられます。したがって、「学業から逃げる」傾向など出てくるはずがありません。

にもかかわらず、現実は第1章で述べたようなありさまです。ということは、この循環がうまくいっていない子供たちが増え続けている可能性があるわけです。

そして、実際に調べてみますと、確かにこの循環がうまくいかない傾向が現在どんどん出てきています。この図で言う「正統派の学習」のところが、「ごまかし勉強」になる事例が多くなっているのです。これでは、学習指導要領が目指しているような学力もつきにくいですし、学習の魅力がどんどん下がってしまいます。

何とか多くの子供たちを「正統派の学習」に戻す手だてを考えるのが本書の目的です。

次の章では、最近変わってしまったと言われる子供たちの学習の実態を詳しく述べたいと思います。

第3章

中学生の家庭学習の変化

この章では、一九七〇年代以前の中学生の学習行動と、一九九〇年代以降の中学生の学習の行動を比較します。ここで話題にするのは、もっぱら家庭学習です。学業から逃げる子供たちの姿を見て途方に暮れている大人たちと、最近の中学生の間で話が通じないことが多いのは、それぞれが「家庭学習」という言葉を使ったときに思い浮かべる意味が、あまりにも違い過ぎるからだと私は思います。

この章に書かれていることは、ほとんどが私の観察にもとづいています。ですから、一九七〇年代以前といっても、ずっと昔は含まれていません。主として七〇年代ですが、話を聞いてみると六〇年代もほとんど同じようです。五〇年代は、第二次世界大戦後の復興期で、社会も安定していませんでしたから、学習を充分にできるような時代ではなかったと想像されます。したがって、九〇年代と比較することにあまり意味があるとは思えませんが、六〇年代七〇年代は、もうすでに社会が安定しており、学習しようと思えば充分にできる時代でした。当時は、学習意欲にあふれた子供たちが現在よりははるかに多かったと推定されますので、七〇年代と九〇年代を比較することには、意味があると思われます。しかも、本書の読者の方々の大半は、六、七〇年代から九〇年代に中学時代を送っておられますので、御自身の経験に照らして妥当性を評価していただけるものと思います。

本書に書き下ろす前に、いろいろな年齢層の方に内容を確認しましたが、これまでのところ異論がほとんどありませんので、科学的な証明には支えられていませんが、ほぼ間違いないと思っています。できるかぎり根拠を示しながら、書いていこうと思います。

七〇年代の学習の主体

七〇年代の中学生の場合、家庭学習の主体は本人にありました。ここで学習の主体というのは、教材を選んだり、学習方法を考えたり、学習の進行を管理したりするのが誰か、ということを意味しています。

まず、家庭学習用の教材です。書店の学習参考書売り場には、中学生や高校生の姿がよく見られました。中には親がつき添っていたりする場合もありましたが、ほとんどの中学生や高校生は、一人で書店に行って自分で学習参考書を選んでいました。中には友人と一緒に探しに来る中学生の姿も売り場にありましたが、その場合も友人に推薦されたものを自分で吟味した上で購入していましたので、教材は基本的に自分で選ぶものだという認識があったと思われます。したがって出版社は、表紙を子供たちが喜ぶようなデザインにするとか、所々に小さな漫画を入れるなど、子供の目を引くような工夫をしていました。

次は、学習方法です。当時は学習雑誌が発行されており、定期購読者もかなり多かったようです。中学生用では、旺文社の『中一時代』『中二時代』などの時代シリーズと、学習研究社の『中一コース』『中二コース』などのコースシリーズの二種類が圧倒的なシェアを占めていました。たいていの学校図書館には常備されていましたから、定期購読以外の読者も多かったと思われます。

さて、この雑誌の中身ですが、もちろん小説や漫画や写真のページもありましたが、中心は学習に関する内容でした。読者の投稿記事は、うまくいった自分の学習法の紹介が多かったですし、記事でもさまざまな学習方略が紹介されていました。さらに具体的なノートの取り方や、計画の立て方の記事もあり、執筆者は中学や高校の先生が中心でした。付録には、問題集がついていたり、教科書準拠の単元ごとの学習指南書がついていたり、用語辞典がついていたり、まさに至れり尽くせりで、個人の学習を支援する雑誌でした。多くの中学生は、こういった雑誌により学習方略の存在を知り、それを参考にしながら、自分に合った方法を模索していたものと思われます。子供たちが学習方法を自分で考えていたからこそ、このような雑誌が人気があったわけです。

学習の進行管理も、当然本人です。したがって、自主性の高い子供は計画どおりに学習が進行して成績が良くなり、自主性の低い子供は遊びの誘惑に負けて学習をあまりしないために成績が悪くなるような傾向がありました。中学生の時期は自主性も変化するようで、自分の自主性が学習に影響することに気づいた子供が、それによって自分を成長させようと努力するような例もありました。このような傾向は、七〇年代より六〇年代の方が強かったと推定されます。公立中学校の教員一人当たりの生徒数は、二〇〇〇年度が一五・六名であるのに対し、一九六〇年度が二八・六名でほぼ二倍であったことからもわかるように、今と比べたらはるかに教員の目が行き届きませんでした[1]。教員から親切に面倒を見てもらうのを待っていたのでは、やっていけない状況がありましたから、これも自主性の涵養《かんよう》に役立っていたかもしれません。とにかく、学習の主体が本人にあったことは間違いなさそうです。

七〇年代のテスト準備

当時のテスト準備法は、かなり個人差がありましたが、比較的成績が良かった人の準備法には共通点がありました。まず、試験範囲の教科書とノートを読み返して、必要ならば要点をまとめたものを作ります。これは特別なノートの人もあれば、ルーズリーフノートの中紙やレポート用紙も使われました。

読み返してよくわからないことが見つかった場合には、詳しい学習参考書を読んで納得しました。参考書を読んで納得する時期には個人差があり、予習として読んでしまう人もあれば、授業の復習として平常時に読む人、試験直前に読む人などさまざまでした。

さらに暗記しなければならない用語などを抜き出して、暗記材料を作ります。暗記材料も形式には個人差があり、カードの人や一覧表の人がありました。電車通学の人は、それらの暗記材料を車内で暗記しましたので、試験の時期になると、車内に暗記材料を持ち込む中学生や高校生の姿がよく見られました。

計算練習、漢字練習などは、新聞の折り込み広告の裏紙を使ったり、計算用紙という商品を使った人もありますし、わら半紙を買って利用した人もあります。ひととおり記憶作業練習作業が終了した後は、どこまで学習が充分であったかを確認するために、問題集を利用しました。問題集には「本書の使い方」という解説があって、「問題集はあくまでも点検の道具だから、何種類も問題集をやったからといって知識が増えるわけではない。発見した弱点を補強したら、再度同じ問題集で点検し直した方がよい。だから解答は問題集には書き込まずに、別紙に記入した方がよい」というような趣旨のことが書いてありました。もちろん、出版社によって奨める使い方の内容は異なりますが、解答欄が記入するには狭過ぎるとか、繰り返し使うことを奨めるといった点は共通でした。

以上が、最も確実で望ましいテスト準備法ですが、これがわかっている人がすべてテストで成功するわけではありません。次に挙げるようなさまざまな障害を乗り越えて、今述べたことがすべて実行できた人が、優秀な成績を納めることができました。

①重要点が何であるかが、なかなか見つけられない。

テスト前に要点が何であるかをまとめようとしても、何が重要かの判断が結構難しいので、せっかく苦労して準備しても、試験の出題箇所が異なっていて、良い成績が取れない人がたくさんいました。しかし、何回かテストを受けていると次第に何が重要かがわかってきます。理科や社会は、用語を正確に覚える必要があるとか、教科書の内容を体系的に整理したときに、その根幹に当たる部分が重要なのであって、面白い目を引く現象が重要とは限らないとか、そんなことが次第にわかってきます。ここに楽しさを見いだしている人も結構いました。

手っ取り早く要点を見つけ出したい人は、さまざまな工夫をしました。たとえば、授業中の先生の強調具合を観察していて、それによって要点を見つけ出そうとした人もあります。それから、教科書の見出しを利用していた人もあります。これは、見出しに「～はどうなっているか」という言葉をつけてそれの答えが要点だと判断する方法です。「武士の起こり」という見出しなら、「武士の起こりはどうなっているか」の答えに当たる部分が説明できれば、そこの要点がわかったことになるといったやり方です。その他には、学習雑誌の付録に単元別の重要点とその根拠が書いてあるのを利用して、見つけている人もありました。

いずれにせよ、あらかじめ試験問題に何が出るかわからない以上、要点をうまく見つけられるかどうかが成績の決め手になるので、それが結構学習動機を高めていました。

②準備時間が足りなくなることがある。

要点をまとめたり、暗記材料を作ったりするのに時間をかけ過ぎていると、それを作るのに精一杯で、記憶したり練習したりの定着作業を行わないままで、試験に臨むことになります。そうすると、時間をかけて準備したわりには成績が悪いということになってしまいますから、それに懲りるとさまざまな工夫が始まります。

試験前に要点をまとめ直したりしなくても済むように、予習を充実させる人もいれば、授業中に要点をつかむようにしたり、授業中に暗記カードを作ってしまったりする対策をとった人もあります。試験前の要点まとめを最重要点だけにしたり、問題集で間違った部分だけにしたり、詳しさは変えないで書くスピードを速くしたりした人もあります。

つまり、要点を把握したり、準備を充分にしたりできるために、さまざまな工夫が必要だったわけです。この過程は、メタ認知の形成にかなり役立っていたと思われます。

もちろん、全員の中学生がこのようにしていたというわけではありませんが、自分で頭を働かせて、うまく要点をつかんだり、定着の工夫をしたりしない限り、良い成績は収められませんでした。成績が優秀な人は、これらのことができている人達であったわけです。また、好成績でなくても、少しでも準備をすれば、意味がわかる喜びや体系が見えてくる楽しさを味わうことはできました。工夫をすればそれだけ達成度は上がりましたので、レベルに関わりなく意欲が高められる体勢になっていたと思われます。

七〇年代の授業活用

教科書を読んだだけで要点がつかめなくても、授業をよく聞いていると、だんだんと何が重要なことかがわかってきます。また、授業時間をどう過ごすかによって、試験準備期間の長短を調節することができますので、そのことがわかってくると、授業の受け方が変わってきます。授業に熱心に取り組めば、それだけ印象が強くなりますし、学習内容の理解度も増すでしょう。ですから、授業参加度が高い人ほど学業成績は良くなりました。これは「授業に価値があった」ということを意味しています。

昔も今も変わらないのは、中学生の授業参加度が、教師に対する好悪感情に影響されることです。ですから、教師のことを嫌っていると授業参加度が低下し、その結果学業成績が下がりました。でも、それはそれで当人は納得済みという感じだったと思います。

七〇年代の受験準備と塾

さて、一貫校でない限りにおいては、中学生には高校受験があります。一九七〇年代には学習塾が急速に増え始めます。当時の学習塾は主として受験に関する情報提供機関でした。受験準備に関する学習塾の機能は三つあります。一つは、受験準備を始めようとした場合、ほとんどの中学三年生は、中学一、二年の学習内容の習得が不充分ですから、弱点診断と補強のための助言をする働きです。二つ目は、入学試験の出題範囲は教科書範囲を超えているのが普通ですから、教科書外の出題領域の授業をする働きです。入試の出題範囲について、教科書の範囲にとどめるような要望が行政や中学校側から出されていることは、毎年のように報道されていましたので、越えていることは周知の事実でした。教科書の範囲を超える出題者側の意図は、発展学習をするような学習意欲のある生徒を迎えたかったからにほかなりません。発展とはいっても、出題傾向分析をする限り、高校側の期待している発展内容は限定されていましたので、学習塾がその部分の学習を支援していたわけです。ただし、学習塾によっては知識注入型の授業を行っていましたから、高校側の期待に応えていたかどうかは定かではありません。三つ目は進学情報の提供です。これは、高校ごとの入試データや出題傾向を伝えることと、模擬試験を行って成績を調べ、合否の可能性を判定し受験生に知らせる働きです。これは、たとえばアメリカの学校であれば、ガイダンスカウンセラーがいて進路相談に応じるわけですが、日本の学校にはそのような仕組みがありませんから、これが学習塾の役割になっていました。

これら三つは、どれも学校では行われていなかったことですので、学習塾の需要は充分にありました。一つ目は、学校は一度教授したことは二度と繰り返さない原則ですから、復習しようとすれば塾が頼りになりますし、二つ目も、学校の教育は教科書準拠で行われますから、塾でないと無理です。三つ目の進路指導も日本の学校では学級担任によってなされますが、担任の進路指導はどうしても裁判官的になりがちですので、弁護士的な働きが塾に求められることになります。[2]「あなたは偏差値からいって××高校は無理です。〇〇高校を受験しなさい」と学校の担任から宣言されるのに対し、どう対応して志望校を受験するかという相談に、塾教師は明け暮れていました。

学習塾はこのような働きをもっていましたので、中学三年生になると大半の子供たちが学習塾に通うようになりました。この点は六〇年代との大きな違いだと思います。図3‐1は学習塾に通っている中学三年生を対象に、いつから学習塾に通い始めたかを尋ねた結果です。たった一年間でも大きく変化していることがわかるように、七〇年代前半は中学三年になってから通う人が多く、後半にはもっと早い時期から通う人が多くなりました。[3] 一九七六年に実施された文部省調査による通塾率は中学生全体の三八%ということです。[4] これも結構地域差があって、大都市では通塾率が高くなることが、図3‐2でわかります。

中学一、二年生から学習塾に通う生徒はどんな生徒だったでしょうか。受験の必要性から中学三年で発展学習をするとすれば、早めに教科書範囲の学習を終わらせておきたいとか、受験で広範囲の知識を詰め込むためには、早くから体系的な学習が必要だと考えるような、学習意欲のある比較的学業成績の良好な生徒たちでした。当時の学習塾は、定年退職した教師や教育に情熱のある塾長によって運営されている学

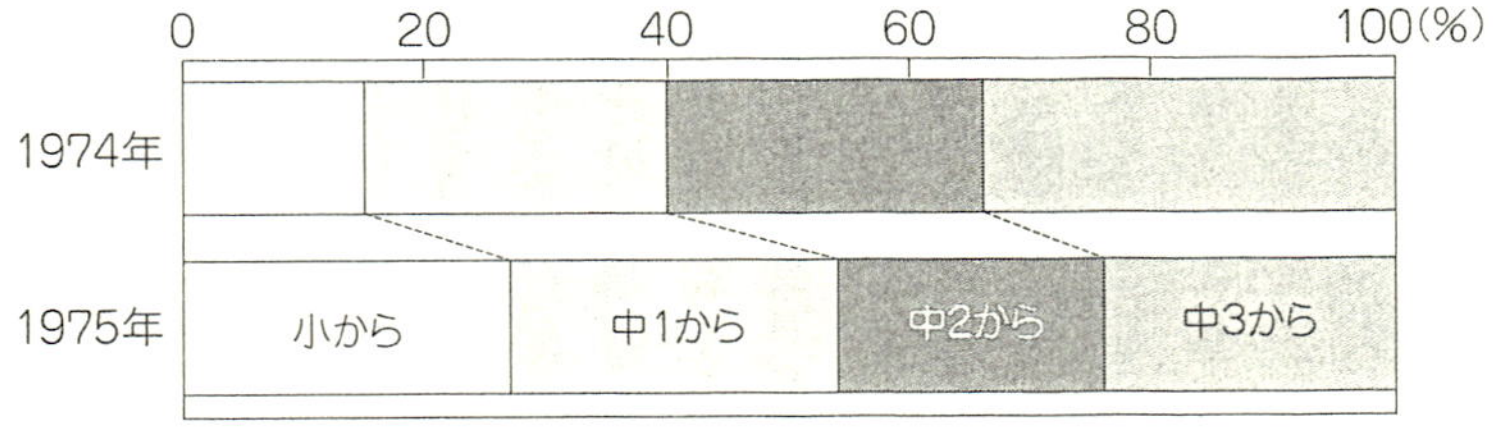

図3-1　70年代中学3年生の通塾開始時期
(東京都公立中学校長会，1976)

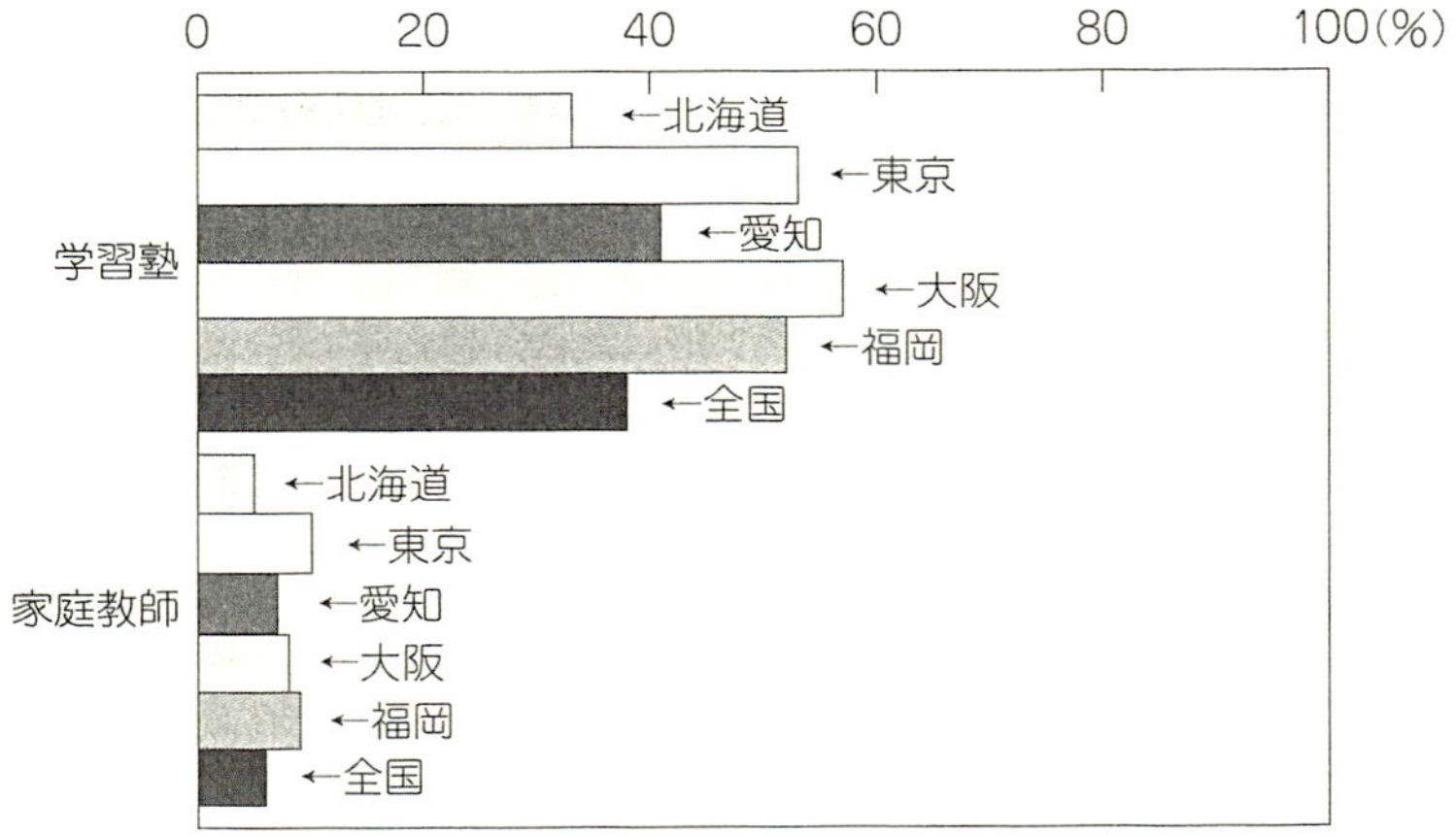

図3-2　70年代学習塾家庭教師の利用率
(文部省，1977)

習塾が大半でしたので、発展学習の指導は充分に可能で、主体的な学習者を学習塾が側面援助するという図式が、うまく成立していました。

当時の通塾者の意識がよくわかる調査結果があります。図3-3は、一九七六年度東京都公立中学校長会研究調査委員会の資料（調査生徒数は四一五九名）です。[5] 学校の成績を上げるということに、学習塾に通うことの価値を置いている人は全体でわずか四・六％に過ぎません。それよりも、予習復習をしたり教科内容の理解を深めること（第2章の言葉なら深化学習）や、発展学習をする場として、学習塾が位置付けられていることがわかります。

したがって、当時の学習塾は教材は市販の学習参考書が中心で、カリキュラムは学校の進度よりも早めになっていました。前掲資料によれば、予習中心の学習塾に通う生徒と、復習中心の学習塾に通う生徒の比率は、約四対一です。

図3-4は、家庭教師の利用者意識です。図3-2で見たように家庭教師の利用者は、学習塾利用者よりはるかに少ないわけですが、この人達も科目の理解を深めたり質問をしたりする目的で家庭教師を利用しています。当時も家庭教師の大半は大学生でしたから、発展学習の支援者としてはあまり期待されていなかったことが、学習塾への期待と比較するとわかります。学校の成績を上げてほしくて家庭教師についている人の比率も、少ないことがわかります。

学習塾にも通わず、家庭教師にも付かずに、受験準備をした中学生もたくさんいました。前出の一九七六年度東京都公立中学校長会研究調査委員会の資料によれば、中学三年生のうち三八・三％が該当します。この人達も、それほど不便を感じていなかったと考えられます。会場テストを利用すれば、自分の偏差値

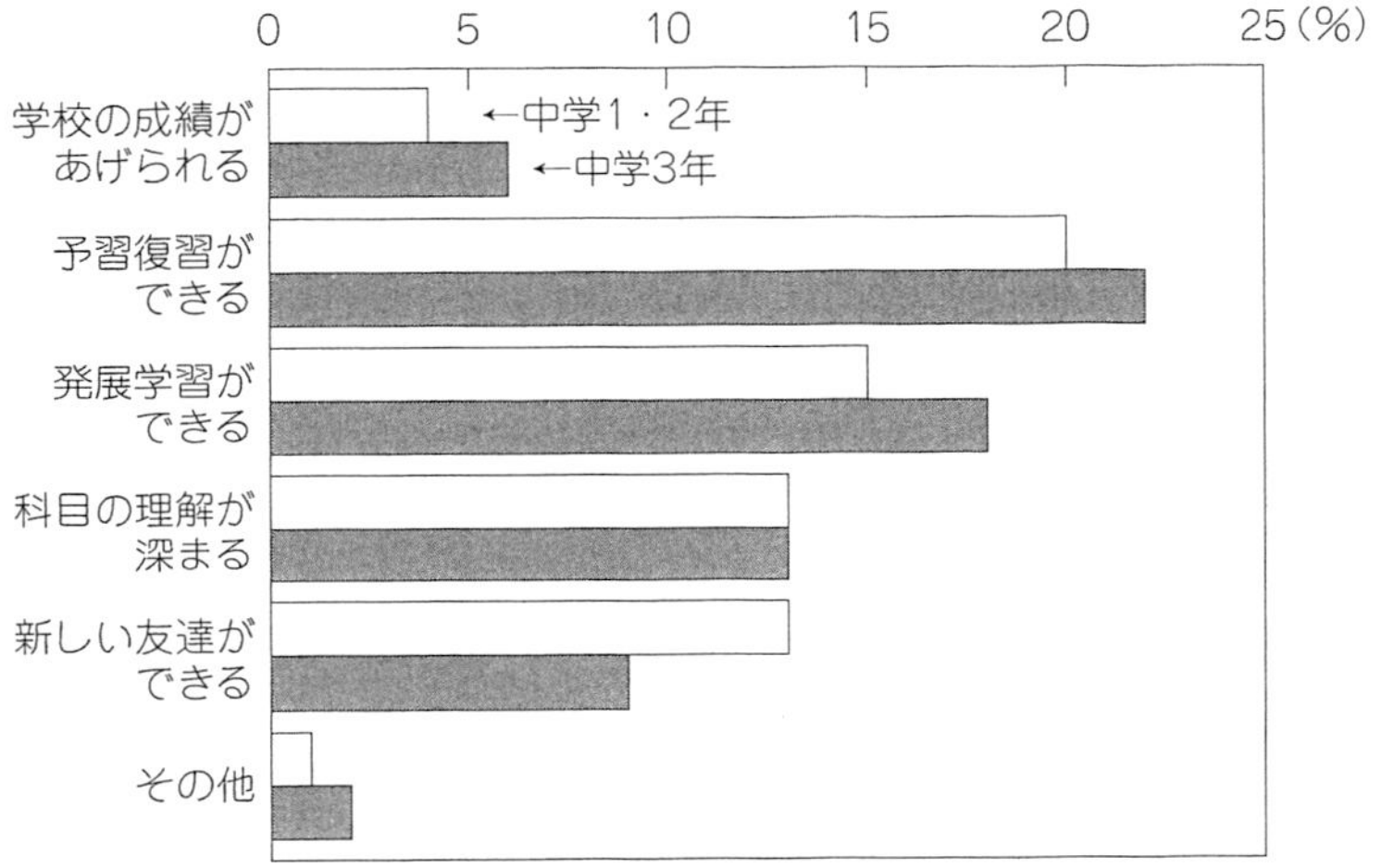

図3-3　70年代における通塾者の考える学習塾の価値
(東京都公立中学校長会，1976)

を知ることができますし、学習雑誌にも受験情報は載っています。学習参考書には教科書範囲を超えた興味深い話題が詳しく解説されていましたので、そういうものを利用すれば、学習塾に通わなくても受験準備は充分に可能でした。七〇年代の後半には家庭用ビデオも出始めましたので、中には録画したＮＨＫの学校放送を利用して受験勉強を成功させた人もいるようです。

世間の風潮としては「受験勉強の弊害」が盛んに指摘されていましたが、一方では、そういう中で受験勉強が学習のきっかけになり、それで面白さに触れて学習が身についたという人達も、たくさんいたことは事実です。

九〇年代の学習の主体

それでは、次に九〇年代の中学生の学習を見て

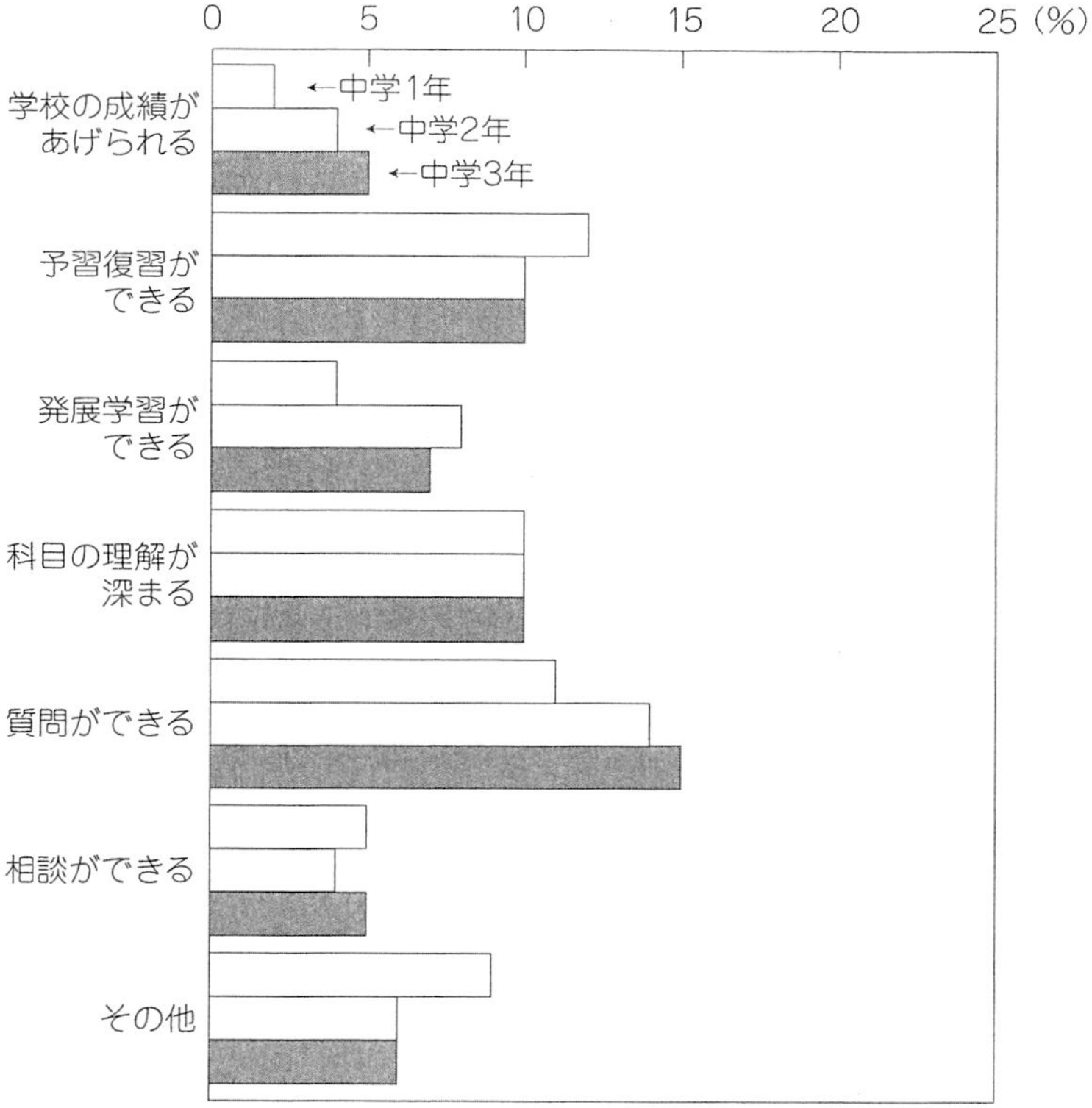

図3-4　70年代における家庭教師の価値
（対象1562名）（東京都公立中学校長会，1976）

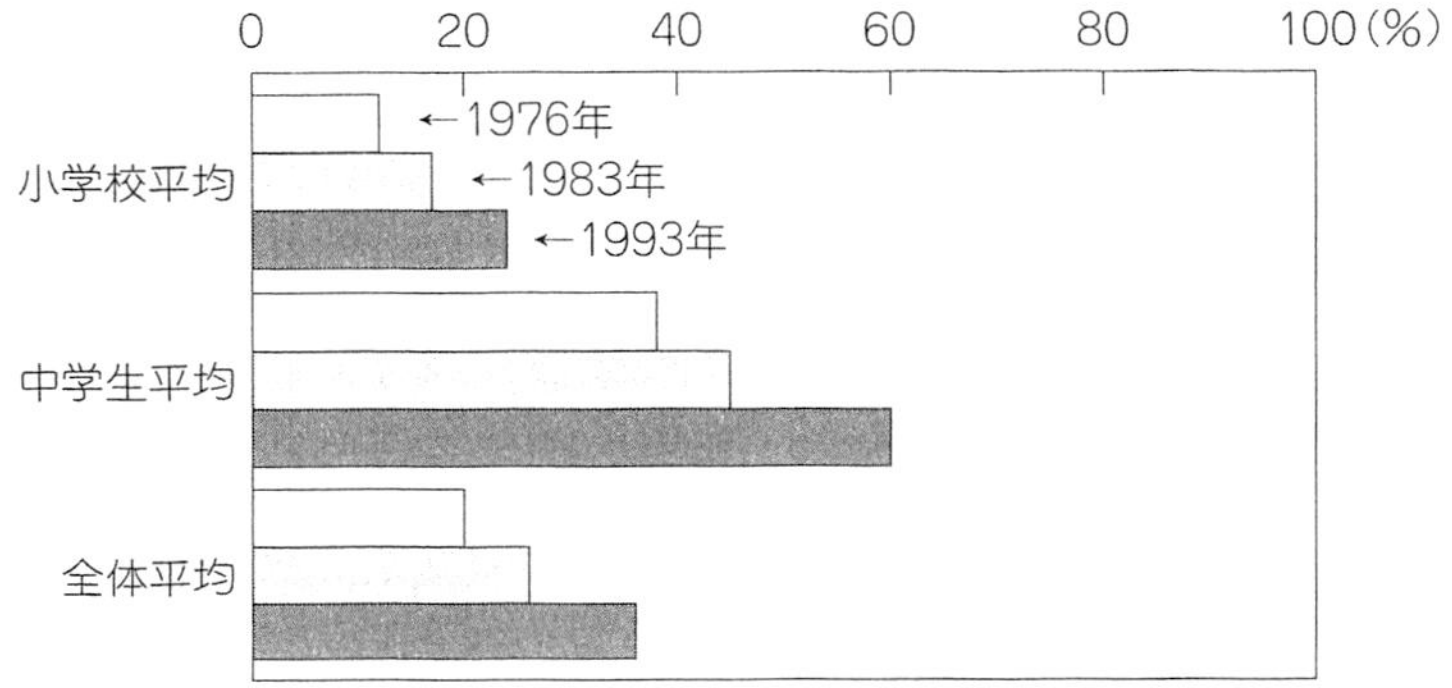

図3-5　通塾率の変化
（対象111,570名）（文部省，1993）

いくことにします。学習の主体、つまり教材の選定や学習進行管理を誰がしているかですが、これが九〇年代では、学習者本人でなくなっています。これも何が主流かということを示しているので、すべてがそうだと言っているのでないことは御留意いただきたいと思います。七〇年代の中学生がもっていたような主体性を維持すべく努力している、学校の教師や学習塾があるからです。しかしそういう努力はどんどん困難になりつつあるのです。

図3-5からわかるように、七〇年代、八〇年代、九〇年代と通塾率がどんどん上昇しました。[6] それは、中学のどの学年でも同じです。そして、学習意欲が極端に低い中学生も学習塾に通うようになりました。その結果、学習塾は、もはや学習意欲のある人に対して、求められた情報を提供する機関ではなく、すべての人に学習の場を提供する機関になりました。塾は、学習教材を選定し配付し宿題として家でも使わせますので、中学生が自分で参考書を書店で選ぶ必要がありませんし、自分で選んで買ってもやりこなす余裕がありません。そのため、九〇年代になると書店の学習参考書売り場にはほ

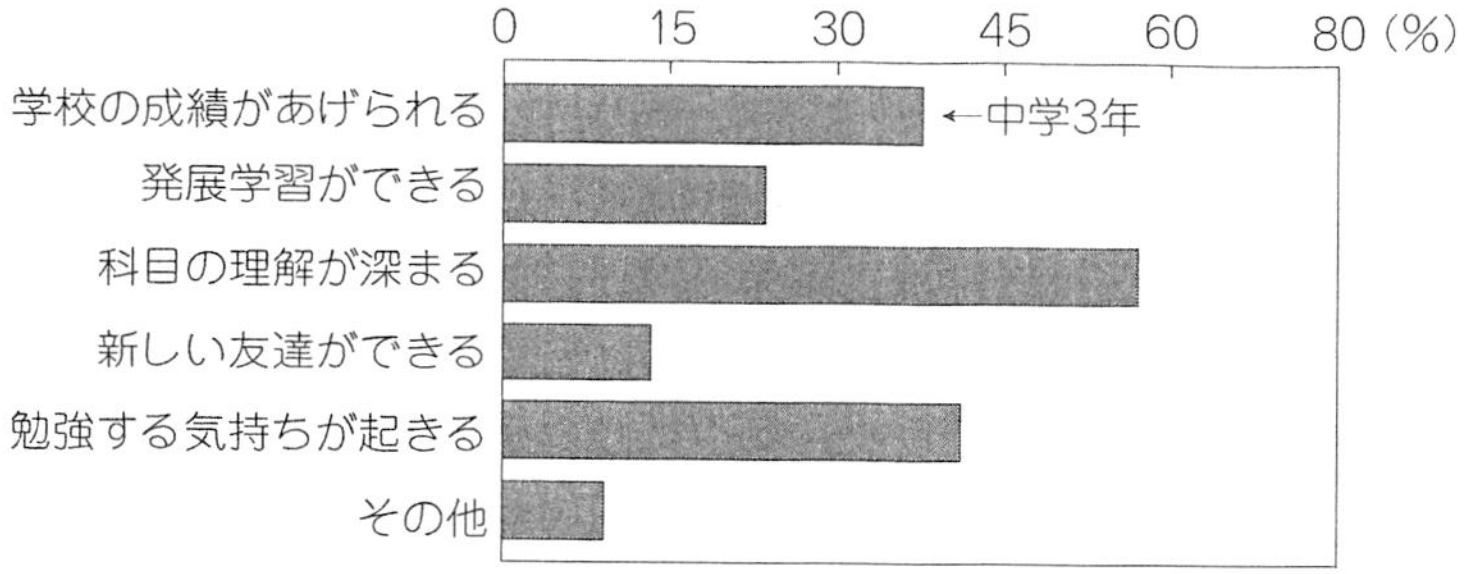

図3-6　90年代通塾者の考える学習塾の価値（複数回答可）
（日本PTA全国協議会，1997）

とんど中学生の姿を見かけないようになりました。九〇年代の塾の教師は大半が大学生ですが、主要な役割は学習進行管理です。年間を通して教材の問題演習をやる進度が塾で決められていますので、それに合わせて生徒が着実に定着作業を行っているかを見守っています。授業が行われるとしても、どうすれば与えられた問題が解けるか、何を記憶すればよいか、与えられた項目はどうすればうまく覚えられるかといった学習作業を円滑に行うための注意点が中心になります。塾は、いかに個人的なサービスが受けられるかで評価されますので、個別指導塾や家庭教師が人気があります。大教室での一斉授業は、個人の学習進行管理が行き届かないので、あまり評判がよくありません。したがって、学習塾に通っている中学生や、家庭教師についている中学生の学習の主体は、指導している教師にあります。そしていかにその指示に忠実に従うかということが、生徒の学習の成否を決めることになります。

通塾者の意識はどうでしょうか。図３‐６は、社団法人日本ＰＴＡ全国協議会が行った「学習塾に関するアンケート」の中学三年生の結果です。七〇年代の図３‐３とは調査の仕方も質問項目も異なりますので、直接比較はできませんが、何を重視しているかの傾向だけはわかります。学校の成績が上げられるということは、七〇年代は塾の価値としてあまり重要ではありませんでしたが、九〇年代ではかなり重要な問題になっています。そして、発展学習ができるということをあまり求めなくなっています。さらに、九〇年代では「学習する気持ちが起きる」という新しい項目が登場してきています。つまり、自分からはあまり学習する気にならないので、うまくやる気にさせてほしい、そして学校の成績も上げてほしいという気持ちで、塾に通っている姿が見えてきます。[7] さらに、このアンケートでは、学習塾をやめたい理由も併せて質問していますが、そのトップの理由が「学校の成績が上がらない」の五〇・八％で、一九九四年に行われた同調査のときの二倍近くの比率になっています。成績を上げる目的で通っているのだから、上がらなければ通うのは無駄であると考えている中学生が増えているわけです。

学習塾も家庭教師も利用していない中学生はどうでしょうか。これは、大半が宅配の契約教材を自宅で利用しています。宅配教材にはトレーニング教材系と、通信教育系があります。トレーニング教材は、契約をするとワークブックが定期的に生徒の手許に届くようになっています。これは、学習後に習得度を点検するために作られた問題集とは基本的に異なり、各ページを埋めていくと自動的に記憶や暗記ができるように作られています。たとえば、英単語については、ページの中に書いて練習する場所が作ってありますし、他の項目学習をした後で、再度記憶確認ができるようになっています。やさしくできるものから難しいものまでステップを細かく取って、スムースに習得できるようになっています。これが教科書に完全準拠していますから、問題集などと異なり、教科書に対応する項目を探すなどという手間もかかりません。したがって親切な家庭教師に面倒を見てもらっているのと同じことが、教材で実現するようになっています。

って、これも別に自分で教材を探すこともありませんし、教材の指示にいかに忠実に従うかということが、学習の成否を決めるという点で、学習の主体が生徒にないことがわかります。

通信教育は、問題の解答を送り返すと添削してもらえるという点が、トレーニング教材と異なる点です。豪華な付録で契約を増やしているものなど、いろいろな種類がありますが、やはりそれ自体で充分な学習ができるようになっていて、学習の主体が教材にある点では一致しています。

学習の主体が学習者本人でなくなったことを示す証拠があります。それは、学習雑誌の購読者が八〇年代にどんどん減り始めたことです。中学生の学習の方略に対する関心がどんどん薄れ、学習の自己管理が人任せになってしまったため、学習雑誌の必要性がなくなってしまったのです。たとえば旺文社の中学生用の学習雑誌ですが、一九四九年に『中学時代』として創刊されました。その後需要が高まり、一九五六年には『中一時代』『中二時代』『中三時代』と学年別になります。そして六〇年代、七〇年代の中学生には支持し続けられますが、八〇年代になると購読者が減り始め、ついに一九九一年三月号をもって、休刊の憂き目を見ることになってしまいました。休刊の措置が取られたのは、高校生用の『高一時代』『高二時代』も同じ時期です。

九〇年代のテスト準備

九〇年代のテスト準備が、七〇年代のテスト準備と決定的に異なる点は、試験の出題内容が事前にわかっているという点です。

まず、定期テスト対策のCD‐ROMが販売されています。教科書準拠になっていますので、ページ数を指定するだけでその範囲の定期テスト予想問題を、何通りもプリントアウトすることができます。二〇〇〇年の秋からは、インターネット上でも配信されるようになりましたので、さらに便利です。CD‐ROMが普及する前は、ワープロで予想問題が打ち出されるシステムをトレーニング教材の会社が、フロッピーディスクで販売していました。これらは、学習塾でも一括購入して生徒に利用させているところが相当数ありますので、利用している生徒はかなり多いと思います。

それから、ほとんどの種類の学習参考書が、定期試験で何が出題されやすいかを記述しています。そして教科書準拠の問題集も予想問題をたくさん掲載しています。定期試験の出題範囲はそんなに広くありませんし、定期試験では基礎的な事項が出題の中心になりますから、こういう本によって、試験前に何が出題されるかがわかるわけです。また、書店では、暗記材料も売られています。テスト対策用の参考書には、要点の図解もありますし、暗記カードや一問一答式の暗記事項一覧表がついていますから、暗記材料を作成しなくてもすぐに定着作業に入れます。

七〇年代のテスト準備のところで述べましたが、当時の子供たちが一番苦労したのが、①要点が何かわからないということと、②暗記材料を作るだけで時間切れになって、定着作業まで間に合わないという点でした。ですから、まさにその点を商品化して企業が利益を上げようとしているわけです。忙しくて料理の時間がない主婦に、冷凍食品を提供しているのと同じ発想です。電子レンジで解凍すれば、準備の手間をかけずにきれいに盛りつけることが可能になり、家族に料理が出せるわけです。

このように学習の手間を省く手助けをするようになったのは、何も企業だけではありません。学校の教師の中にも、どこが試験に出るかを教えたり、暗記材料を配布したり、予想問題を配布したりする人が多くなりました。私の調査では、定期試験の問題を事前に全部教えてしまう教師や暗記材料を生徒のために作ってあげる教師は英語に多く、試験問題の一部を教えてしまう教師は理科と社会に多いという結果になりました。これについては改めて別の機会に詳しく述べようと思います。

この結果、試験に何が出るかわからずに困っている中学生は今はほとんどいませんし、暗記材料を作るのに苦労している中学生もいなくなりましたが、その代償として、考えたり工夫したりする要素が試験準備から消え、試験準備が単なる作業になりました。料理をせずに、解凍した冷凍食品を盛りつけているだけという状態です。狭い範囲で試験問題がわかっていれば、有意味学習でなくても、機械的暗記でいくらでも定期試験は乗り切れます。そうやって定期試験だけ乗り切っても、しばらくたてば記憶内容は消えていってしまいます。そろそろ第1章で紹介した高校生の投書の「ノートに書いて、そのことを覚えているかテストして……。卒業して何になるんでしょう?」の意味が、どなたにもわかりかけて来たのではないでしょうか。

九〇年代の授業活用

テストの問題が事前にわかっているということは何を意味しているでしょうか。さらにそのテストで高得点を取るための学習材料がいくらでも入手できるということは、何を意味しているでしょうか。そうです。学校の授業の価値が下がるということです。授業にまじめに参加していなかったとしても、たとえばトレーニング教材を使うと、トップクラスの成績が取れるのです。逆に、授業に熱心に参加したとしても、家での定着作業量が他の人よりも少なければ、途端に悪い成績になってしまいます。つまり現在の学業成績は、授業参加度の反映でなく、定着作業量の反映になっているのです。だとしたら、授業には何の意味があるのでしょうか。学校に行かずに、トレーニング教材だけやればそれで充分ではないかという発想が出て来ても、不思議はないでしょう。

私のカウンセリングの経験でも、「学校に通う意味が本当にあるのでしょうか」という相談が増えています。でもカウンセラーに相談したりするのはほんの一部の人だけですから、多くの場合、大学生になってもその疑問は解決されないままになっているようです。次に紹介するのは、ある一流大学で、教師を目指して学習している人からの相談です。

学校で勉強することの意味が、見いだせなくなってきてしまいました。塾や家庭教師や独学で勉強すれば済むのに、わざわざ学校に行く必要があるのでしょうか？　学校に行って勉強することが、それほど重要なのでしょうか？　このように問われたら、今の私には答えられません。こんな（学校の価値もわからない）状態で、教職課程を履修していてよいのか、不安になります。

友達づき合いの場としての学校の価値を認める中学生は多いと思いますが、学習の場としての学校の価値は、どんどん下がっています。それが、第1章で見た「学校に通う理由は何ですか」に対して「学習をしたい」回答が二・六％にしかならない原因だと考えられます。

学校で、専門家としての教師から一斉授業を受けることの意義については、本書の第8章で述べようと思います。

九〇年代の受験準備

七〇年代の中学生の受験準備と比較して、九〇年代の中学生の受験準備は比較にならないほど楽になりました。まず試験問題がやさしくなりましたし、競争率も低くなりました。その結果、少ない学習量でいくらでも高校進学は可能になりました。しかしながら、中学生にとっての苦痛度は増加したように見えます。

試験問題がやさしくなったのは、学習指導要領の改訂のたびに学習内容を減らしてきたためです。図3-

$2KClO_3 \rightarrow 2KCl + 3O_2$	塩素酸カリウムの分解
$2H_2O_2 \rightarrow 2H_2O + O_2$	過酸化水素水の分解
$2Mg + O_2 \rightarrow 2MgO$	マグネシウムの燃焼
$CO_2 + C \rightarrow 2CO$	一酸化炭素の発生
$2CO + O_2 \rightarrow 2CO_2$	一酸化炭素の燃焼
$NaOH \rightarrow Na^+ + OH^-$	水酸化ナトリウムの電離式
$Zn + 2HCl \rightarrow ZnCl_2 + H_2$	亜鉛と塩酸の反応
$HCl \rightarrow H^+ + Cl^-$	塩酸の電離式
$HNO_3 \rightarrow H^+ + NO_3^-$	硝酸の電離式
$Ca(OH)_2 \rightarrow Ca^{2+} + 2OH^-$	水酸化カルシウムの電離式
$CaCO_3 \rightarrow CaO + CO_2$	炭酸カルシウムの分解
$Ca(OH)_2 + CO_2 \rightarrow CaCO_3 + H_2O$	二酸化炭素検出
$H_2SO_4 + 2NaOH \rightarrow Na_2SO_4 + 2H_2O$	中和反応
$Zn + H_2SO_4 \rightarrow ZnSO_4 + H_2$	亜鉛と硫酸の反応
$2NaHCO_3 \rightarrow Na_2CO_3 + CO_2 + H_2O$	
$BaCl_2 + (NH_4)_2SO_4 \rightarrow BaSO_4 + 2NH_4Cl$	
$Ag^+ + Cl^- \rightarrow AgCl$	塩化銀の沈殿
$Ca^{2+} + CO_3^{2-} \rightarrow CaCO_3$	炭酸カルシウムの沈殿
$H_2CO_3 \rightarrow 2H^+ + \rightarrow CO_3^{2-}$	炭酸の電離式
$CO_2 + Ca(OH)_2 \rightarrow CaCO_3 + H_2O$	
$Ca(HCO_3)_2 \rightarrow CaCO_3 + CO_2 + H_2O$	
$NaCl + H_2SO_4 \rightarrow HCl + NaHSO_4$	
$2NH_4Cl + Ca(OH)_2 \rightarrow CaCl_2 + 2H_2O + 2NH_3$	
$2HCl + (O) \rightarrow H_2O + Cl_2$	塩素の生成
$CaC_2 + 2H_2O \rightarrow C_2H_2 + Ca(OH)_2$	
$4Al + 3O_2 \rightarrow 2Al_2O_3$	アルミニウムの燃焼
$CuO + H_2 \rightarrow Cu + H_2O$	酸化銅の還元

$2Mg + O_2 \rightarrow 2MgO$	マグネシウムの燃焼
$C + O_2 \rightarrow CO_2$	炭素の燃焼
$2CuO + C \rightarrow 2Cu + CO_2$	酸化銅の還元
$HCl \rightarrow H^+ + Cl^-$	塩酸の電離式
$NaOH \rightarrow Na^+ \rightarrow OH^-$	水酸化ナトリウムの電離式
$KOH \rightarrow K^+ + OH^-$	水酸化カリウムの電離式

1967年代の中学理科教科書（中学3年間）

$2H_2O \rightarrow 2H_2 + O_2$	水の電気分解
$4P + 5O_2 \rightarrow 2P_2O_5$	赤リンの燃焼
$2H_2 + O_2 \rightarrow 2H_2O$	水素の燃焼
$C + O_2 \rightarrow CO_2$	炭素の燃焼
$NaCl + Na^+ \rightarrow Cl^-$	食塩の電離式
$2Na + 2H_2O \rightarrow H_2 + 2NaOH$	
$Cu^{2+} + Fe \rightarrow Cu + Fe^{2+}$	
$Fe + H_2SO_4 \rightarrow FeSO_4 + H_2$	鉄と硫酸の反応
$H_2SO_4 \rightarrow 2H^+ + SO_4^{2-}$	硫酸の電離式
$C_2H_4O_2 \rightarrow H^+ + C_2H_3O_2^-$	酢酸の電離式
$CaO + H_2O \rightarrow Ca(OH)_2$	生石灰の反応
$H^+ + OH^- \rightarrow H_2O$	中和反応
$HNO_3 + KOH \rightarrow KNO_3 + H_2O$	中和反応
$Na_2CO_3 + 2HCl \rightarrow CO_2 + H_2O + 2NaCl$	
$AgNO_3 + NaCl \rightarrow AgCl + NaNO_3$	
$CaCl_2 + Na_2CO_3 \rightarrow CaCO_3 + 2NaCl$	
$Ba^{2+} + SO_4^{2-} \rightarrow BaSO_4$	硫酸のバリウムの沈殿
$CO_2 + H_2O \rightarrow H_2CO_3$	炭酸の生成
$CaCO_3 + 2HCl \rightarrow CaCl_2 + CO_2 + H_2O$	
$CaCO_3 + CO_2 + H_2O \rightarrow Ca(HCO_3)_2$	
$NaHNO_3 + HCl \rightarrow NaCl + CO_2 + H_2O$	
$HCl + NH_3 \rightarrow NH_4Cl$	塩化アンモニウムの生成
$NH_3 + H_2O \rightarrow NH_4^+ + OH^-$	
$H_2O + Cl_2 \rightarrow 2HCl + (O)$	
$3Fe + 2O_2 \rightarrow Fe_3O_4$	鉄の燃焼
$2CuO + C \rightarrow 2Cu + CO_2$	
$2PbO + C \rightarrow 2Pb + CO_2$	酸化鉛の還元

1996年代の中学理科教科書（中学3年間）

$2H_2O \rightarrow 2H_2 + O_2$	水の電気分解
$Fe + S \rightarrow FeS$	鉄とイオウの化合
$Cu + S \rightarrow CuS$	銅とイオウの化合
$2HCl \rightarrow H_2 + Cl_2$	塩酸の電気分解
$NaCl \rightarrow Na^+ + Cl^-$	食塩の電離式
$H^+ + OH^- \rightarrow H_2O$	中和反応

図3-7　中学理科教科書に出てくる化学式の比較
（筒井勝美，1998）

7は、中学理科教科書に出てくる化学式の比較です。(8) これで見る限り、化学式は八割がたカットされています。これは記憶偏重型の教育から思考力重視の教育を目指しているためです。目標は結構なのですが、「学習対象を減らせば記憶偏重でなくなる」という発想はあまりにも安易です。このことは第2章でも話題にしました。実際、かつての教科書に出ているすべての化学式を機械的に暗記することは不可能です。でも受験で必要ということになれば、どうするでしょうか。結局これだけの化学式を成立させている原則を理解する必要が出てきます。イオンの意味、化学反応の原則、係数のつけ方など、充分に頭を働かせて基本原則を理解すれば、機械的に暗記しなければならないことはごくわずかになります。ですから、実例がたくさんあると基本原則の理解が深まるのです。それに対し、新しい教科書の方はどうでしょうか。この程度の量でしたら、中学生は記憶力抜群ですから、簡単に機械的暗記ができてしまいます。入試問題は教科書に準拠しており、昔から理科については教科書範囲からの発展はほとんどありませんでした。ですから、入試問題が解けるための必要学習量が少なくて済むという意味で、問題はやさしくなっています。ですから受験準備は楽になっていると言えます。

数学も比較してみようと思います。表3‐1は、同じ東京書籍の教科書で図形の問題数を比較してみました。学年を越えて単元の移動がありますので、ここに示したのは、中学二年生用と中学三年生用の合計です。問題数自体一割減っていますが、注目すべきはその中身です。「～を証明せよ」という証明完全記述問題が、一四八題から七三題と半分以下に減ってしまいました。残りの問題は、図形の計量問題や証明の文脈中の空所補充問題です。証明完全記述問題は、論証の組み立て能力をつけるしか解けるようにならないので、難しい問題です。そういう問題が減ったわけですから、教科書の問題がやさしくなったと言え

表3-1　数学教科書中の「～を証明せよ」という問題の図形問題中の比率の変化

学年	中2用		中3用	
検定年度	1971	1996	1971	1996
図形問題数	231	163	118	156
証明問題数	109	48	39	25
証明問題％	47.2	29.4	33.1	16.4

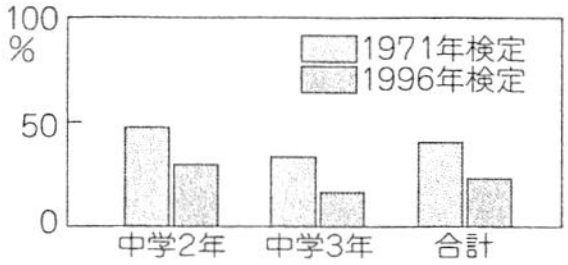

表3-2　学習指導要領改訂ごとの英語学習項目の推移

	1969	1977	1989	1998
文　型	37	22	21	21
新語数	950～1100	900～1050	1000	900
必修語数	610	490	507	100
文法項目	21項目	13項目	11項目	11項目

文部省「中学校学習指導要領」により作成

ます。これにもとづいて出される入試問題も当然やさしくなっていますので、受験準備は楽になったと言ってさしつかえないでしょう。

表３‐２は、学習指導要領改訂ごとの英語学習項目の推移です。学習文型数も、文法項目数も、約半分になってしまっています。英語の入試問題は、教科書からの逸脱が比較的多かった科目ですが、いくらはみ出すと言っても限度があるので、文型や文法項目の減少によって、問題もかなりやさしくなりました。公立高校の英語は、考える力を試す問題が多くなり、記憶していなければ解けないような問題が減りましたので、やはり問題が解けるための必要学習量が少なくて済むという意味で、受験準備は楽になっています。

入試問題が簡単になったのと同時に、競争も低下してきました。これは、周知のとおり、子供の出生率の低下による人口減少が、原因です。私立高校は、合格者の平均偏差値が低いと受験生から見放されて、定員割れを起こす不安がありましたので、推薦入学者を年々増やすことによって一般入試の競争率を高め、その結果合格者の平均偏差値を上げるという作戦に出ました。そのため推薦入試の比率が高くなり過ぎて、特別な受験準備をしなくて済む生徒が増えました。一人当たりの受験校数も確実に減りました。七〇年代は平均して、三校から四校の高校を受験するのが当たり前でしたが、九〇年代は一～二校になっています。さらに、受験生を確保するために、学校説明会のサービスが向上し、九〇年代の後半には食事付き招待が一般化します。

したがって、七〇年代は必死に学力をつけて、何とか入学できるようにするのが受験準備でしたが、九〇年代はそこそこ準備をして入学してあげるというような雰囲気になってしまっているわけです。必死で準備した受験生を迎え入れられるのは、もはや限られたブランド私立高だけになってしまいました。

ですからいわゆる受験圧力は、確実に減少したと言えます。これは、中学生だけでなく高校生の場合も同じです(9)。

また、七〇年代はほとんどの中学校が、学校内で業者テストと呼ばれる標準学力テストを年間何回か実施していました。これの出題範囲は学校の授業進度とは一致していませんでしたから、直前準備のできない実力テストになっていました。しかし、一九九三年二月に文部省は文部次官通知で、都道府県教育委員会に対し業者テストの追放を求めたため、それ以降学校内で業者テストが行われなくなりました。この政策にはプラスの点もたくさんありますが、学校内で標準学力テストが行われないことによって、定期テストさえ乗り切ればよいという風潮が、生徒の間にますます強まった点がマイナスだと考えられます。

以上のように、七〇年代に比べて受験準備は確実に楽になっていますが、当事者の中学生は過去を経験していませんから、楽だという実感はもっていません。むしろ受験準備に対する嫌悪感は大きいように見えます。学習に主体的に取り組んでいない以上、嫌なことをやらされているという位置付けになって当然かもしれません。

さて、同じ受験準備という言葉を使っていても、その意味が七〇年代と九〇年代で大きく異なることがおわかりいただけたでしょうか。たくさんの内容を記憶しなければならないときには、体制化方略や有意味化方略を使う必要がありますので、学習進行中にたくさんの発見があり、それが内容関与的動機づけに貢献することは大いにあり得ると思いますが、それほど受験プレッシャーもなく、簡単な学習作業のみで受験に成功する九〇年代の受験準備は、はたして内容関与的動機づけに貢献するかどうか、何とも言えません。

八〇年代に何が起こったか

それにしても、七〇年代と九〇年代のこの大きな変化は、なぜ起こったのでしょうか。いったい八〇年代には、何が進行したのでしょうか。

この章で述べたことをまとめると、学習対象が減ったり、受験圧力が減ったために、学習をするための工夫があまり必要でなくなった状況で、定期テストの問題が楽に予想できるようになったこと、学校の授業を受けなくても定期テストで楽に点数が取れるような教材が登場したこと、学習塾の多くが変質して、学習の場や教材の提供機関になったこと、こういう便利な教材が身近にあふれていることで学習の魅力が薄れ、学習が単なる定着作業に堕したということになると思います。

一言で言ってしまえば、有害な教材があふれていることが学習を妨害しているのです。これらの教材があふれるようになった経緯を、最後につけ加えておこうと思います。

その起源は教材訪問販売の登場にあります。もともとは訪問販売といえば薬売りぐらいでしたが、戦後は化粧品、ミシン、ベッド、鍋、百科事典などが盛んに家庭訪問の販売員によって売りさばかれるようになりました。七〇年代にはこれに学習教材が加わります。親を不安に陥れた上で、劣悪な教材を何年分も一括で強引に売りつけるようなトラブルが続出して社会問題になり、ついに一九七六年には「訪問販売に関する法」が成立します。この教材販売は利益を上げやすかったこともあり、たくさんの業者が乱入しました。しかしこの教材は、ほとんどの場合実際には子供たちに利用されることはなく、やがて世間からソッポを向かれるようになります。そのためにこれらの業者は、新たな業態を模索することになります。

一つは、学習塾を全国展開してその生徒に教材を売ることです。塾でしたら生徒が通ってきますので、確実に教材が販売できて、しかも買ったのに使わなかったということで評判を落とさずに済みます。これもまた、今度は電話勧誘を盛んにすることで生徒をたくさん獲得し、学習塾の乱立状況を生み出しました。この経営者たちは商才に長けた人達でしたから、経営感覚に疎い教育者の塾は八〇年代にどんどん淘汰されていきます。これによって正統派の学習を支援する学習塾が減り、教材と場所を提供するだけの学習塾が増えることになりました。およそ教育に関心のない経営者も多く、成人図書の販売を兼ねている会社まであったということです。

もう一つは、宅配教材路線です。これには、毎月教材を宅配し代金を回収する方法と、訪問せずに郵送する通信教育があります。こちらも七五年以降八〇年代は、たくさんの業者が乱入し、以前からあった会社としのぎを削るようになりました。競争が激しくなるほど、教材の親切度は増し、子供たちの手間をどんどん省くようになっていくわけです。

八〇年代の後半には廉価なワープロが普及し始め、ワープロの個人所有が可能になります。これによって教師の教材作りが簡単にできるようになりました。これも親切な教材があふれるようになった一因と考えられます。

こういう状況の中で行われているのが「ごまかし勉強」なのです。次の第4章では、「ごまかし勉強」について詳しく見ていくことにします。

第4章 「ごまかし勉強」の意味と特徴

ごまかし勉強とは何か

この章では、ごまかし勉強がどのようなものかを説明します。まず、図4－1を御覧ください。正統派の学習の姿（第2章の図2－7と同じ）も並べて示してありますので、両者の違いを比べながらお読みください。

まず、ごまかし勉強の枠の中ですが、提示学習要素は教科書に登場する諸概念です。正統派の学習のときと異なり、黒い記号は残っていますが白い記号は消えてしまっています。黒い記号は試験に出やすい概念、白い記号は試験での出題率が低い概念を表していて、試験にあまり出ない項目は初めから切り捨ててしまっていることを、この図は表しています。このように学習対象を限定するのが、ごまかし勉強の特徴です。切り捨てるのは、試験に出にくい項目だけではありません。理解するのが面倒な内容も切り捨てます。

さて、次は深化学習と発展学習の枠ですが、空欄になっているのはこれも切り捨てるからです。深化学習や発展学習は行いません。テストで何が出るかはわかっていますので、用語の意味などは別にわかる必要はありません。言葉の意味はワークブックや教科書ガイドに載っていますから、辞書も引きません。要点の図解は手許の教材にいくらでも載っていますから、要点をまとめて体系をつかむこともしません。問題の解法も一通り知っていればテストのときには答えが出せますから、別解などは考えません。これらが、深化学習を行わない理由です。発展学習をしないのは、同様にテストに出ないからです。

定着作業だけは、試験直前に繰り返し行います。暗記材料については、何も自分で作らなくても、学校の先生が「これを憶えなさい」と渡してくれたものがあるときはそれが使えますし、そういうものがなくても、手許の教材を見ればいくらでも載っているので、それを利用すれば済みます。ない場合は、教科書の重要点にチェックペンでマークすれば、教科書が空所補充問題に早変わりしますし、試験問題の文章はほとんどが教科書そのままなので、これで充分です。訓練については、トレーニング教材のページを埋めていけば平均点ぐらいは取れるので、それで済ませます。以上の作業はまったく面白くありませんが、勉強はもともと面白いはずがないと信じているので、とりあえず我慢して定着作業だけするわけです。

さて獲得学習要素ですが、黒い記号だけは機械的暗記を繰り返したので、試験が終わるまでは残っています。しかし、特に意味もわかっていないし、自分の知っていることとの関連もわかっていませんから、しばらくたつときれいさっぱり忘れてしまいます。正統派の学習と違って、知識の網の目ができているわけではないので、この図では記号どうしが線で結ばれていないのです。

■認知心理学から考える望ましい学習の姿

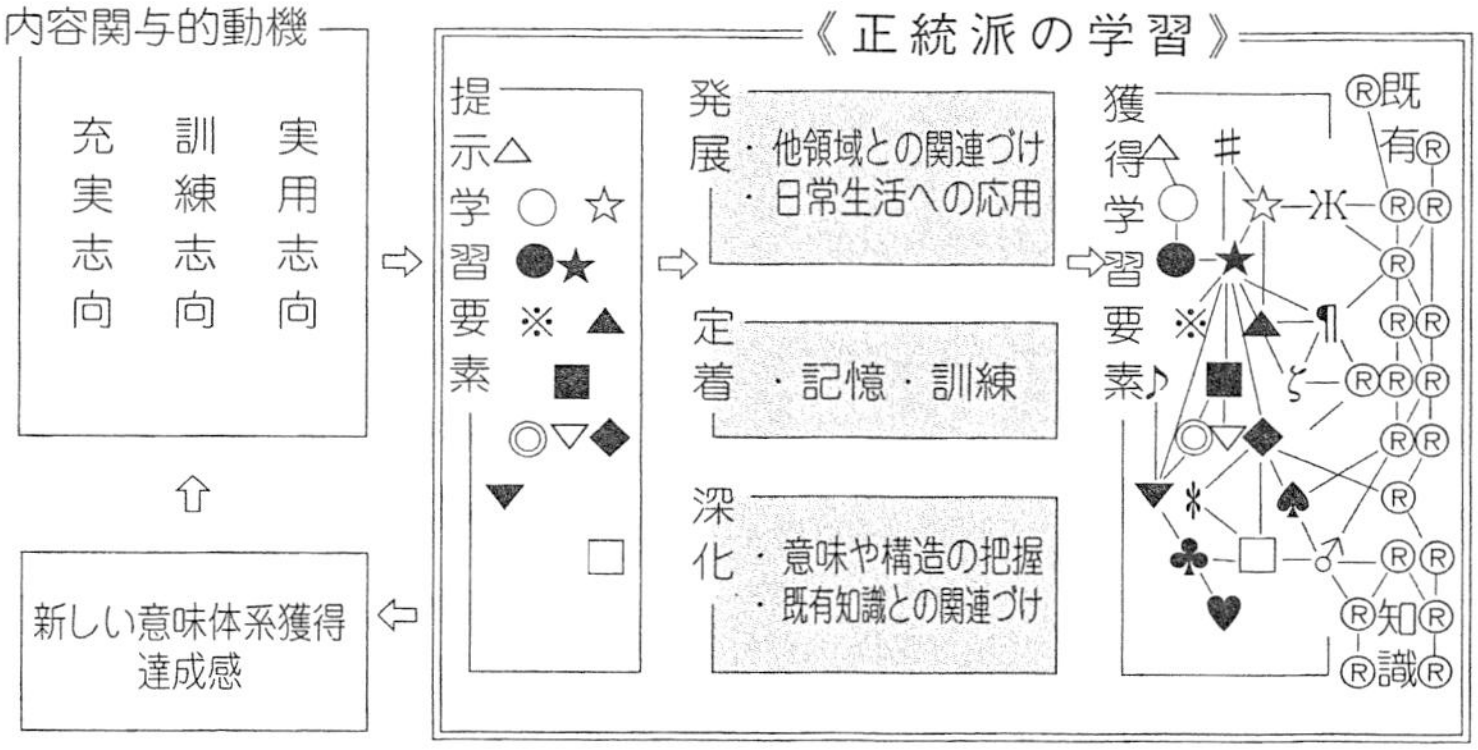

■子供たちの学習の現状（悪循環）

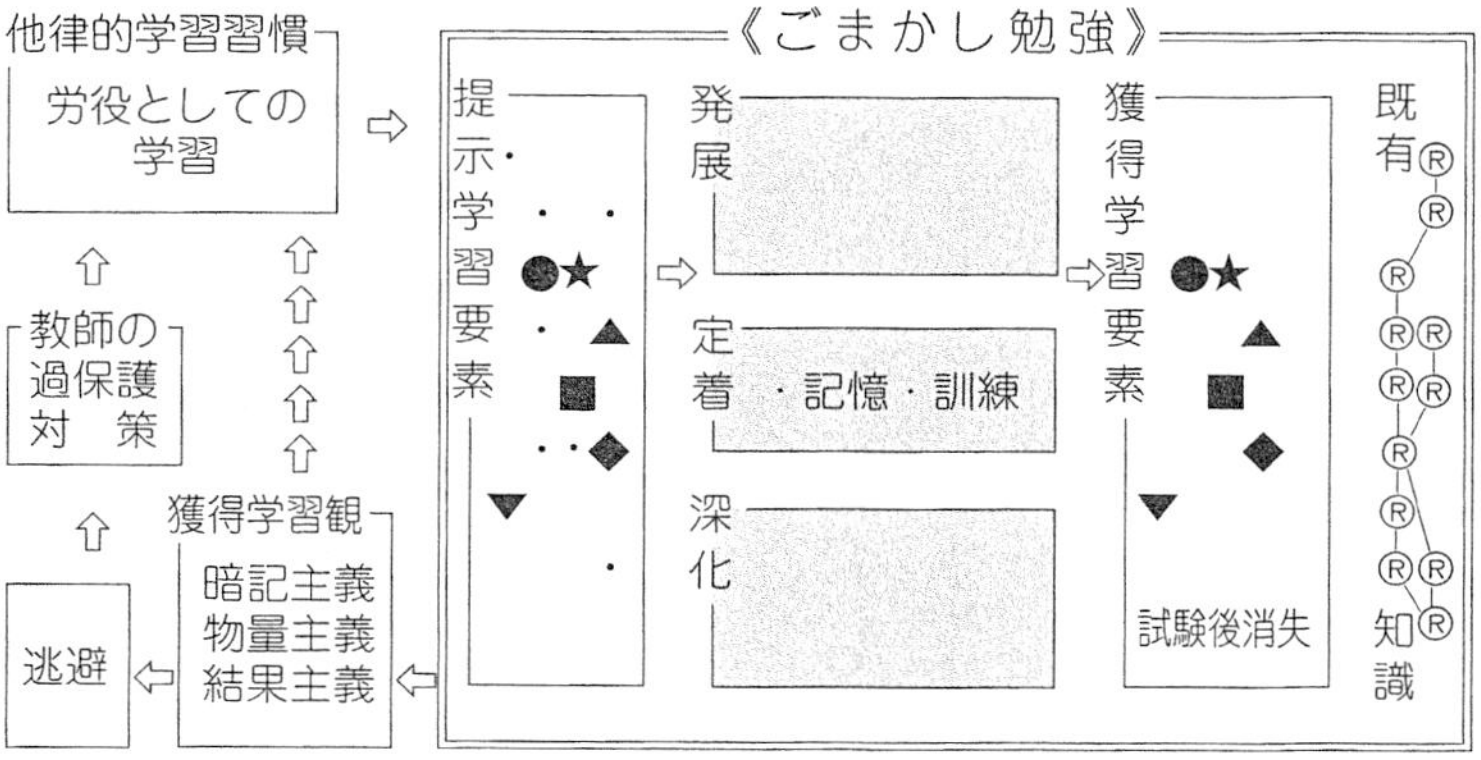

図4-1 「正統派の学習」と「ごまかし勉強」の比較

さて、定期試験はこのやり方で結構点数が取れます。要領よくやれば、学年一番という順位になることもあります。成績が良いと、先生たちもほめてくれますし、親もニコニコしているし、自分でも気分よく過ごせます。中には「何か変だ」と思う人もいるようですが、結果良ければすべて良しで、あまり深く考えないようにします。たいていの人は、良い成績が取れたということで、この方法が正しい学習法だと思い込むことになります。

つまり、意味は理解しませんでしたが、試験に出るところを機械的に暗記したおかげで、テストでは良い点が取れました。学習方法の工夫はしませんでしたが、トレーニングの量を増やしたおかげで、テストで良い点が取れました。問題の解法をいろいろ検討したり、学習内容を自分の頭で考えたりはしませんでしたが、結果だけは良い点になったのです。

この成功経験をすると、その結果、暗記主義、物量主義、結果主義の学習観が形成されます。第2章で検討したように、これは好ましい学習観ではありません。その証拠に、学習した内容は身につかず、試験が終われば消えていってしまうのです。しかし、「テストさえ乗り切れれば、それが勉強というものだ」というように考えれば、とりあえずは不都合がありません。これが、図4-1の獲得学習観の枠です。

さて、意味もよくわからない、何に役立つかもわからないことにじっと耐えて、作業をすることは、どんな人にもつらいことです。周りの大人に「何で勉強しなければいけないんだ」と尋ねても、「子供にとっては勉強が仕事」「つらいことに耐える練習をしているんだ」「勉強は将来のため」などという訳のわからない返事しか戻ってこない場合は、黙って素直に労役を繰り返すことになります。

自分からは、こういうことはなかなかやれませんから、「誰かに命令してもらおう」というのがひとつの有効な対処法です。塾に行くと進度を決めて催促してくれますし、競争させてくれるところもありますから、ゲーム感覚で乗り切りやすくなります。塾に行くのは、少しでもつらさを減らして良い成績を取るためです。だから通っても成績の上がらない塾は無意味ということになります。

黙って労役に従うことに耐えられない人は、逃げる作戦をとり始めます。これが第1章で見た、学習時間の減少です。学校に仲の良い友達がいる場合には、テストに結びつかない授業に我慢して学校に通い続けますが、いじめに遭ったり、先生とうまくいかなかったりするときには、不登校になります。

図4-1では、逃避の枠から教師の過保護対策の枠に矢印が出ています。教師の方も、なかなか学習してくれない生徒たちに、ほとほと手を焼いています。まともなテストをやったら、みんなひどい点数しか取れません。ですから、暗記材料を作って少しでもつらさを減らしてあげようとしたり、あらかじめテストに出るところを教えたりして、何とか点数を取ってもらい、卒業できるようにしてあげようとするわけです。これらが過保護対策です。試験問題も記憶力を試す問題しか出さなかったりします。「この生徒たちは能力が低いから、思考力を試す問題は出せない」と、本気で思い込んでいる教師までいます。こうして、ハードルがどんどん低くなり、学力が本当に低下していくのです。

さて、自分の学習動機で学習するのでなく、誰かの命令で労役として学習しようとすると、結果としてその後はまた「ごまかし勉強」をすることになります。憶えては試験をして忘れ、憶えては試験をして忘れ、憶えては試験をして忘れ、憶えては試験をして忘れ……、この無意味な作業の連続。これが今増えているごまかし勉強です。おわかりいただけたでしょうか。ただしごまかし勉強の意味はわかったとしても、なぜ「ごまかし」と呼ぶのか、納得がいかない方もあるかもしれません。このあたりで、テストの点を良くすることの意味を考えてみたいと思います。

温度計と学力検査

「今日は昨日より暑いか寒いか」といったことは、皆の判断が一致することもあれば、一致しないこともあります。こんなことは大した問題ではないので、延々と議論が続くなどということはありませんが、皆が今日は寒いと言っているときに、「いや暑いのだ」と言って譲らない人が時々います。そんな人でも、温度計を示して「昨日の同一場所同一時刻の温度に比べて三度低い」と言われると引き下がらざるを得ません。通常は、温度の測定が暑いか寒いかの唯一の検査方法だからです。

誰かの学力がどの程度であるかということは、多くの学校関係者、子供やその家族、企業の人事関係者などの関心事であり、単なる個人的印象だけで判断するわけにはいきませんので、通常はテストと呼ばれる学力検査を行って、慎重に測定し判断することになっています。温度計によって部屋の温度を知るのと同じように、テストによって学力を検査しているのです。現在のところ、学力の唯一の検査方法はテストですから、テストで好成績を納めた場合には、実力があると判断しますし、テストで点数の低かった子供が、「勉強はちゃんとしている」などと言っても信じないのが普通です。通常は、テストの結果が本当に学力を反映しているのだろうか、などと疑ってみる人はあまりいません。

テストの成績が悪かった子供が、それによって自信と学習意欲を喪失したりすると、親が心配して、「このテストが学力のすべての面を測定しているわけではない」と子供を慰めたりすることがあります。また、充分に評価してもらえるはずと思って書いた論文体テストで、悪い評価しかもらえなかった大学生が、その評価の仕方に疑問をもったりするようなこともあるかもしれません。でもこのようにテスト自体を疑うのは例外であって、特に成績が良かった場合などは、学力が身についたと判断してしまうのが普通です。

ところで、はたしてその温度計は部屋の温度を正確に測定しているか、というと必ずしもそうではないことを我々は知っています。たとえ精度に優れ、器具検査に合格した温度計であったとしても、何らかの人為的な方法（たとえば暖かい息を吹きかけるなど）によって、温度を高く表示することはできるからです。学校を休みたい子供が、体温計を湯につけて熱があるように見せかけることがあるという事例は、測定の脆弱《ぜいじゃく》さが誰にでも知られていることを物語っています。

学力検査もその脆弱さは広く知られており、カンニングがあると結果の信頼性が失われてしまいますから、これに対しては、道義心に訴えたり監視することによって未然に防ごうとしたり、発生した場合には罰を与えたりして、より正確に測定しようと努力が払われています。ですから、カンニングさえ行われなければ、テストの結果は信じてよいと思われがちです。しかしながら、この章の冒頭で述べたような勉強のやり方は、実力をつけずに点数だけ取るという意味で、実はもう少し大掛かりで巧妙な「ごまかし」になると思うのです。罪悪感もなく学習者たちによって公然と行われているということは、多分「ごまかし」という認識があまりないためだろうと思います。だから放置されているばかりか、逆にしばしば奨励すらされているのではないでしょうか。

大学生に見られるごまかし

初めて、ごまかしの存在に気づいたのは、私が大学生になったときです。大学の語学授業のテストで、大半の授業に欠席して自分自身の学習もほとんど行わなかった学生が、テストの直前に友人のノートをコピーしてそこに書かれた翻訳を暗記し、テキストの部分引用の和訳問題のみ出題されたテストで、合格点を取るようなことが、周囲では日常頻繁に行われていました。中には、最高点まで取れていた人もいます。確かに試験場でこそカンニングはしなかったかもしれませんが、言語がほとんど習得されていないのに成績だけ良く、それがその学生の学力を反映していないという点では、この学習は明らかに「ごまかし」です。しかもこうして良い成績を取った人達は、そのことを吹聴し自慢してもいましたので、たいそう腹立たしく思ったものです。

その後調べてみると、それらごまかしは何も私の周りの学生の特殊事例ではなく、どこの大学でも、語学授業ではよく見られるということがわかってきました。そしてこの「ごまかし」については、従来から多く指摘され非難されてはいますが、一部ではあっても、出題で手抜きをしたがる大学の語学教員と、単位取得のみが目的で大学に来る学生の利害が一致するために、なかなか減少しないということも、わかってきました。さらに大学の教員の中にも、学生に対する温情のつもりで「ごまかし」がしやすいようにテストを作っている人達がいることもわかりました。この人達の、教育者としてのプライドはどこに行ったのでしょうか、理解に苦しみます。こういう語学教育に見切りをつけた学生が、語学学校に望みを託す現象まで出始めるほど、大学の語学授業での「ごまかし」は現在でも横行していると聞きます。もちろん効果的な語学授業を行っている教師もいますが、全国的には少数のようです。

こういうことを指摘すると、「こういうごまかしは昔からあった。自分にとって重要な科目できちんと学習がなされていれば、重要と思わない科目でごまかしがあったとしてもあまり問題はないのではないか。普段きちんと学習しているなら、試験準備で間に合わないときの『ごまかし』にあまり目くじらを立てる必要はないのではないか。」という反論がかえってくることがあります。しかし、こう反論する人は、少なくともその時点で、何がごまかしで何がごまかしでないかの判断がすでにできるようになっており、本来のあり方ではないとは知りながら、もっと他に重要なことがあるので、自己責任においてあえて「ごまかし」をしているに違いないという前提に立っているように思います。

しかもこういう反論は「私一人ぐらいは道路にたばこの吸い殻を投げ捨てても、大した問題ではないだろう。いちいちうるさいことを言うな。」という発言に、どこか似ていると思ってしまうのは、私だけでしょうか。

確かに、人間はすべてのことに完璧に対処することは不可能ですから、重要度に優先順位をつけて、どうでもよいと思ったことに関しては手抜きをすることもあると思います。ですから何でも完璧にすべきだなどということをここで述べるつもりはありません。しかし、最近の大学生と接していると、自分でぜひ修得したい重要な科目の学習でさえも、それが正しい方法だと信じて、ごまかしをしているように見えることがよくあります。

つまり道路にたばこの吸い殻の投げ捨てをする人が多くなって、「たばこの吸い殻は、本来道路に投げ捨てるものなんだ」と思う人が増えてきたというのと、構造が同じです。

かつてはあまりなかったことだと思いますが、大学生にもなって、大学の授業中に「それノートに書くんですか。」という質問が、学生から出るようになってきました。大学生の本音はテストの準備のために記録しておく価値があるかどうかを、教師に尋ねるというのもおかしな話ですが、その学生の本音はテストの準備のために記録しておく価値があるかどうかを、教師に尋ねているのです。テストに出ることは重要で学習する価値があり、出ないことは無駄だという考え（これはテストをごまかし勉強で準備することが前提になっている発想です）がしみついた状態で、大学まで来ていることを意味します。

その他、大学の通年科目で前期試験の成績が悪いと、履修を放棄してしまう学生が多く見られます。単位が取れないような科目は学習の無駄と考えているのです。これらの事例は、学習の目的がそれによって自己を成長させることでなく、テストで好成績を取ることになってしまっていることを示しています。

「東大生」のシケプリ

一九九八年四月八日発行の東京大学の「教養學部報」第四一九号に、教養学部長の大森　彌氏が「『大衆化』に抗《あらが》う」という一文を載せ、学生に安易な「シケプリ」の利用を戒め、話題になりました。「シケプリ」とは試験対策プリントの略で、かなり組織的に作られており、授業にろくに出席もせず、シケプリの予想問題の解答のみを暗記して、単位を取ろうとする学生の行動が、どうも目にあまったようです。「横着を決めこみ受講をなまけ試験で楽をしようとすること」が「悪」であることを、学生に説いています。この「シケプリ」については、一九九八年六月一一日の朝日新聞でも紹介され、一気に全国に知れ渡ることになりましたので、御存知の方も多いと思います。

私も早速「シケプリ」を一〇種類ほど入手して実物を見てみましたが、早い話が大学版の「教科書ガイド」で、試験の予想問題と解答例までついています。科目によって巧拙はあるものの、出題にあまり工夫をしない教授の担当科目なら、授業に出席しなくても一応の合格点は取れるように作られています[1]。

「東大生は優秀だからごまかす必要がない」「東大生は学問好きだからごまかすはずがない」などという世間一般の人々のステレオタイプの考えに反し、非常に洗練されたごまかし組織が存在するということで注目されましたが、学問に本来の形で向かうのでなく、単にテストを乗り切る手段として処理するという学生の傾向は、単に東大生だけの問題でなく、他の大学でも共通して見られる傾向です。ここに述べた東大生の例を見れば、大学生の傾向が、単なる私の個人的印象に過ぎないわけではないということが、おわかりいただけるのではないでしょうか。

すでに中学生がごまかし

いつごろからどのようにして、このテスト目的のごまかしの姿勢が身についてしまうのでしょうか。ごまかしの行動は、七〇年代の中学生にはほとんど見られませんでしたが、現在は、中学生段階でもう観察できます。

中学や高校の校内定期テストの英語の問題では、しばしば教科書本文をそのまま引用した空所補充問題が出されます。これは必要な熟語を習得したかどうかを調べるためによくとられる形式です。また、単語の配列力を見ることによって文の構成力があるかを知るために、整序作文問題が教科書中の文から出題されます。しかし、このような教科書そのままの文を使った問題に対しては、熟語を習得しなくても文構造を納得していなくとも、教科書の試験に出そうな部分さえ暗記しておきますと、点数が取れてしまうのです。このときに、単語、熟語、文型を学習せずに教科書の暗記のみで点数を取ろうとするのは、温度計を一時的に暖めるのと同じで、「ごまかし」と言えるでしょう。残念ながら、通常この「ごまかし」は教師によって発見されることはありません。内容の習得が充分なための高得点か、「ごまかし」による高得点かの違いが、答案には現れないからです。

大人のごまかしと違って、中学生段階ではこれが「ごまかし」だという認識がないのが普通です。きっかけは心ない大人が「とにかく教科書を暗記すれば点が取れる」などと教え、それでうまくいった生徒がそのやり方を友達に教えて広まるという経路のようです。そして、こうやって点数が取れると、勉強とはそういうものだと思ってしまうことがほとんどです。その結果、基礎学力もついていないまま時が過ぎていきます。最近大学生の学力低下が盛んに指摘されるようになってきましたが、「ごまかし」だけで本当の学習がなされていなければ、それも当然の結果と言えましょう。

誤解のないようにつけ加えておきますと、確かに外国語学習で基本文型を記憶するのは大切なことです。

ただし、文構造や場面や語句の用法を理解した上での記憶が必要なのであって、機械的に暗記しても上達にはつながりません。(2)

ごまかしの定義

正確な伝達のために、このあたりで「ごまかし」という語をきちんと定義しておく必要があるでしょう。すなわち、「目標が達成されたかどうかについて、すべてが点検されない限界があるときに、点検箇所のみ基準を合格するように処理し、点検者が点検できない、またはしない箇所については、目標達成行動をとらないか、またはいい加減に行うこと。」を「ごまかし」と呼ぶことにします。

初めの大学の語学授業の例では、試験で読む書く話す聞くのすべてが点検されるわけでなく、読解力にしても単語力熟語力文型力を見るでもなく、ただテキストの和訳だけで応用がありませんから、それをいいことにごまかしているわけです。授業中に取り上げたのでない新しい素材で試験をすれば、ごまかしは効かなくなります。

右のように用語を規定しますと、次の各例文のように、日常我々が「ごまかし」という語を使う文脈にも齟齬《そご》は起こりません。

①その工務店は、検査だけ合格させ、手抜き工事で費用をごまかした。

②会計担当者は、監査まで時期があったので、帳簿をごまかした。
③その店は、安物をいかにも良い品のようにごまかして売った。

いずれにせよ、ごまかしは我々の文化では、好ましくない行為として認知されていることに異論はないでしょう。そして、その文化で好ましくないと認知されている行動は、教育の場面では奨励されるよりは抑制されるのが通常です。

しかしながら、学習に関しては、一九九〇年代になってごまかしの態度をとろうとする生徒が、急に多くなってきました。これは第3章で述べたとおりです。そして、ごまかしをしている中学生に面接をしてみると、「ごまかし」は親から奨励されているケースも多いので驚いてしまいます。さらに困ったことには、それこそが正しい学習法だと思い込んでいて、「ごまかし」であるという認識すらないのが大半です。まだメタ認知が充分に発達していませんし、ごまかしの結果として通知表の成績が良いと、本人はその科目が得意だと錯覚してしまうからです。

ところが、受験準備の必要性から出題範囲の広い模擬試験や標準学力テストで応用問題にめぐり合う頃には、学習したことが忘れられており、マスターしていたはずなのに悪い成績を取ることも結構あるわけです。そうなると自己認識が混乱したり、自信を喪失するケースもあります。こういう場合は、認知カウンセリングで立ち直らせるのもかなり大変です。また、成績が良いために自分はその科目に適性があるのだと思い込んで、進路を誤るケースも少なくありません。点数を取らせたい大人が、何の罪悪感もなく子供に「ごまかし」をさせているとしたら何と罪作りでしょうか。でも、「ごまかし」は着実に増加しています。

ごまかし勉強五つの特徴

この章の冒頭で、ごまかし勉強の概要を説明しましたが、ここでその特徴を抜き出してまとめておきます。私が問題にしている行動には、五つの特徴が観察されます。

①学習範囲の限定
②代用主義
③機械的暗記志向（暗記主義）
④単純反復志向（物量主義）
⑤過程の軽視傾向（結果主義）

この五つのうち、③、④、⑤については、市川の『認知カウンセリングから見た学習方法の相談と指導』（ブレーン出版）に登場する、暗記主義、物量主義、結果主義とまったく同一であることは、第2章で述べたとおりです。[3]

まず①の範囲の限定ですが、次の二方向があります。

a　**教材の限定**――通常は、教科書だけに限定されます。辞書、事典、資料集、参考書、読み物……のように、興味関心に応じて、教材を広げることはせず、初めに決めたものに限定します。解説の一切ない要点集に限定されることもあります。

b　**関心の限定**――他の単元との関連、他の分野との関連、因果関係、用語の意味、背景的知識、記述の具体例、日常生活への応用の可能性、他の解決法、類例の探索など、教科書に直接記述のない事がらには関心をもたないようにします。

①で限定された範囲を、すべて確実に学習するのでなく、さらに要素が選別されて、記憶されるものが限定されるときに見られるのが②です。この要素の選別は「思考の経済化」と言って誰でもやることなのですが、注意しなければならないのは、この選別を自分の頭で行うか、他の基準で行うかという点です。要素どうしの関係を自分の頭で考えて、重要度の判定を自分でした上で記憶内容を絞り込むのであれば問題はないわけですが、要素どうしをばらばらのまま関連づけをせずに、テストに出題される項目のみを外的基準（つまり、教師または教材の指示）で選び出し、自分の判断を通さずに、後は切り捨ててしまうのがごまかしに見られる特徴です。問題の解法は一題につき、習った一方法に限定しますし、教科書中の要点も、出題予想問題の解答のみに限定して暗記します。したがって、暗記材料は、自作しようとすると自己基準で作成することになるので自分で作ろうとせず、教師または出版社の作った暗記材料を代用するか、教科書をチェックペンで暗記材料に加工して使うことになり、いずれもない場合には、学習をしない道を

選ぶことになります。

③の特徴は、機械的暗記です。どの分野でも、その分野に精通しようと思ったら、記憶を避けて通ることはできません。用語を覚えていなければ、考えることすらできません。(これは「命名の学習」と呼びます。) さらに、定理、法則、現象などを知らないと、複雑な事象の理解や、予測ができるようになりません。(これは「事実の学習」と呼びます。) このように憶えるものがたくさんあるのは、誰でも知っていることですが、さて問題はその憶え方です。心理学では、背後の意味を考えながら頭に入れようとするのを「有意味学習」、無意味な断片的知識をそのまま記憶しようとするのを「機械的暗記」と呼ぶことは、第2章で述べました。どちらが記憶に残りやすいかといえば、そのとき話題にしたように、有意味学習の方がはるかに有利です。にもかかわらず、この有意味学習をせずに機械的暗記をしようとするのが、「ごまかし勉強」をする人達の特徴です。外国語の学習では、基本文型を覚えていることが絶対必要ですが、その意味を考えて場面のイメージを浮かべたり、文の構造に注目しながら覚えるのでなく、ただ無意味な音の連続として、覚えようとするのです。(2) また数学の公式も、どうやって導き出されたか、どんなときに役立つかなどということには一切注意を払わずに、ただ記号の配列として暗記するわけです。

④の特徴は、単純反復です。できるようになるためには、とにかくたくさんの問題をこなす必要がある、長時間机の前に座っている必要があるという考えです。自分のやり方はこれでよいか、どうすれば間違えなくなるか、どうすればもっとわかりやすくなるか、などということを一切考えず、ただ作業量を増やせば解決するという対処の仕方が見られます。試験で何が出るかがわかっているので、特に工夫をする必要を感じないのだと思われます。しかし、学校時代の学習は、将来の自律的な学習の準備という意味もある

わけですから、いろいろな学習方略を習得しておかないと、とても困ることになります。

大学生になって自分のごまかし習慣に気づき、正統派の学習をしようとして、方略が身についていないために困っている人もたくさんいます。高校までは、教科書ガイドあり、トレーニング教材ありで、教材があふれています。しかし、大学は教員によって授業が準拠している教材が皆異なりますし、同じ教員でも年度によって教材を替えたりしますから、採算が取れないため教材会社もこの分野には手をつけません。その結果、ここで初めて正統派の学習の必要が出てきて、困る大学生が多いわけです。「大学生の質が低下している。だから教材を統一して、問題集などを充実させて、学力向上を図ろう」などという動きが出てこないことを、ひたすら祈るばかりです。
⑤の特徴は、目先の点検時の結果のみ重視する傾向です。目先というのは個人差や内容による差がありますが、通常は一週間以内で、長くてせいぜい一か月です。とにかく点検の際に形が整っているかどうかが重要で、その後も頭に入っているか、自分の人生にどう役立てるかなどということは視野にありません。テストの結果、まぐれ当たりでも正解ならＯＫ、不正解の場合でも原因を考えて対策を立てることはしません。
「失敗は成功の母」ということわざがあります。何かに失敗しても、その失敗から学ぶことがたくさんあるので、結局は成功のきっかけになることがあるという意味です。ただし、これはあくまで失敗から学んだ場合のみで、それをしなければ成功の母にはなりません。結果主義に毒されている生徒は、テストが終わると点数だけ見て、自分の学習を振り返ろうとしません。テストで×になるのは、テストの受け方が悪かった場合と、準備が不充分だった場合があります。テストの受け方が悪いというのは、問題をよく読

まず、解答欄を間違えたり、選択個数を間違えたり、検算をしなかったような場合です。準備不充分というのは、意味理解が不充分だったり、記憶不充分だったり、練習不充分で技能が身についていないような場合です。何が原因で×になったのかがわかれば、次に同じ間違いをしなくて済みます。にもかかわらず、結果としての点数だけ見ておしまいというのが、結果主義の典型的な姿です。

学校で、理科の実験を生徒がやるのは無駄だという人がいます。これも結果主義の人のよく言うことです。教科書どおりの結果が出ないからと言うのです。しかし、教科書どおりの結果が出なかったのは必ずその原因があるからで、それを調べていくことでものの本質がわかったりすることが多かったりしますが、そんなことは思いもよらないようです。

以上のことをまとめると、「ごまかし勉強」の特徴は、「与えられた要素を、外的な基準で選別し、主として機械的暗記、機械的訓練という作業を行うことによって、目先の点検時に結果を出そうとすること。」ということになるでしょう。

「ごまかし勉強」の実例

では、次に「ごまかし勉強」の具体例を科目別に見ていくことにしましょう。ここで注意していただきたいことは、「ごまかし」のやり方は何も一種類だけではないということです。目的はあくまで最小限の作業で目先のテストをクリアするだけですから、教科担当の先生がどんな授業をし、どんなテストをするかで「ごまかし」方は変わってきます。ですから、最も平均的なやり方を各科目一種類ずつ紹介していると御理解ください。ここに挙げた方法ではごまかせないようなテストが実施されている授業も、当然存在します。

①英語の「ごまかし勉強」

まず、教材は教科書に限定します。宿題で、単語調べや全文訳を要求する先生の場合には、すべて教科書ガイドに載っていますから、ノート点検がある場合には、これを写しておきます。音読させられる可能性があれば、発音をカタカナで書き込んでおきます。授業中は、どこがテストに出るかに注意して聞き、出そうなところは教科書にマークしておきます。訳語選択が面倒なので、辞書は使いません。教科書の索引で済ませます。

試験前には、担当の先生がプリントを配布した場合はそれを、そうでなければ出版社の作った暗記材料を暗記します。予想テスト問題を入手し、解答を赤で書き込み、出やすそうな問題の解答を暗記します。単語の練習時間があれば、綴り練習と一つに絞った訳語だけを暗記します。

②数学の「ごまかし勉強」

数学の場合も、教材は教科書に限定します。とは言っても、本文の解説は読まずに問題解法例集として限定するという意味です。かなり苦手な場合には、いくつか捨てる単元を作り、多少でも解法が覚えられる単元で確実な得点をねらうようにします。予習を要求する先生の場合は、教科書ガイドの解答をノートに写しておきます。そうでない場合は、黒板に示された模範解答を忠実に写すようにします。最初から自分で解くと、誤りがノートに残ってしまうことがあるので、できるだけ予習は避けます。

テストの前には、最小限の問題パターンを、誰か（友人、塾、出版物）に教わり、それの解法を書き写して暗記します。解法も一題一方法に限定します。なかなか覚えられない場合は、覚えるまでひたすら数をこなします。

③国語の「ごまかし勉強」

言葉の意味調べの宿題がある場合には、辞書は引かずに、教科書ガイドを写しておきます。漢字練習は、教科書中の新出漢字一覧の漢字を、多数回ノートに書き写します。

テスト前には、教科書ガイドを使って教科書中の問いの解答を読み、それを暗記するか、予想問題を入手して、その解答を暗記します。

④理科の「ごまかし勉強」

理科は、初めから教科書でなく出版物を利用します。テスト前に、必要暗記項目を出版社の作った一問一答式暗記材料を利用して、暗記します。特に実験内容、実験時の注意点や結果は試験に出やすいので、これも出版物を見て暗記します。予想問題が入手できる場合にはコピーを取って二部用意し、片方に解答を記入して、解答無記入の用紙を利用しながら解答を暗記します。

⑤社会の「ごまかし勉強」

授業中に、試験に出そうなところを聞き取り、教科書にチェックペンでマークします。試験前にはこれに遮蔽板（「色シート」という人もいます）をのせ、空所補充問題集として、用語を暗記します。意味がよくわからない場合でも、できるだけ疑問はもたないようにして、機械的暗記に努めます。記述式問題が試験に出る場合には予想問題を入手し、模範解答を記入して暗記します。

⑥全科共通の「ごまかし勉強」

全科共通で、トレーニング教材の販売会社と契約する方法もあります。契約すると、定期的にトレーニング教材が配達されますので、その教材に書き込んでいくと、科目ごとに学習方法を考えたりしなくても、学校の授業をまじめに聞いていなくても、出題率の高い学習項目に関しては、ほぼ自動的に訓練がなされ、テストでの点数がある程度取れます。インターネット利用者は、予想問題提供サイトも利用が可能です。

これで、どのようなやり方が「ごまかし勉強」であるかが、おわかりいただけたでしょうか。学習の楽しさを御存知の読者の方には、その味気なさと空しさがやっと伝わったのではないかと思います。いくら味気なくつまらないことでも、役に立つのであれば我慢もし甲斐があります。しかし、ごまかし勉強の特徴は正統派の学習の特徴とすべて逆になっています。ですから長期的に見れば学習効果も低く、学習内容が身につきません。これでは、子供たちが逃げたくなるのももっともです。

正統派の学習

最後に、ごまかし勉強の特徴と対比させながら、正統派の学習のやり方を示しておこうと思います。次の表を見てください。

ごまかし勉強	正統派の学習
①学習範囲の限定	①学習範囲の拡大
②代用主義	②独創志向
③機械的暗記志向（暗記主義）	③意味理解志向
④単純反復志向（物量主義）	④方略志向
⑤過程の軽視傾向（結果主義）	⑤思考過程の重視

正統派の特徴の③、④、⑤は、市川の前述の著書の用語をそのまま使いました[3]。この表でお気づきだと思いますが、ごまかし勉強の特徴は、正統派の学習の特徴の正反対の特徴になっています。だから、学習するそばから忘れていって身につかないわけです。

正統派の特徴の③、④、⑤については、第2章で詳しく述べましたので、ここで繰り返し説明する必要はないと思いますが、特徴の①、②についてはあまり触れませんでしたので、ここで若干の説明を行い、それに関連させて、正統派の学習を簡単に説明しておこうと思います。

1　学習範囲の拡大

ごまかし勉強は、近々あるテストで高得点を取るのが勉強目的ですから(4)、テストに出ることが予想される内容のみを暗記し、得点に結びつかない無駄なことはできるだけやらないという姿勢になります。これに対し正統派の学習では、知的好奇心を満足させ、考える力をつけ、日常生活に役立てるのが学習の目的になりますから、テストは単なる学習の結果の測定に過ぎず、たとえテストに出題されないとしても、興味をもったり必要性を感じたりした内容については、調べたり覚えたりという行動が発生します。したがって、学習範囲はどんどん広がっていくことになります。

正統派の学習も教科書から出発しますが、教科書は発展させるための必要最低限度の記述がなされていると考えますから、教科書をすべて読んで理解するのは当然のことで、さらに、自分なりに意味を考えたり(深化)、日常生活での応用可能性を考えたりする(発展)という範囲拡大が行われます。ごまかしでは学習エネルギーを減らそう減らそうという意志が働いているのに対し、正統派では心を込めようというエネルギーが働いているために、自然に範囲が広がってくることになります。

これで、ごまかしの「限定」と正統派の「拡大」の違いがよくおわかりいただけたのではないでしょうか。昔からよく「『教科書を勉強』するのでなく『教科書で勉強』すべきだ」とか「教師は『教科書を教える』のでなく『教科書で教える』べきだ」などと言われますが、この「を」と「で」の違いが、まさにこの「限定」と「拡大」の方向性の違いになるのではないでしょうか。

新しい学習指導要領では「総合的な学習の時間」が導入されますが、これは学習範囲の拡大が目標と考えられます。正統派の学習を主流に戻すためにも「総合的な学習の時間」がうまく機能することを、願ってやみません。

2 独創志向

平常の学習の場合、ごまかし勉強のやり方は、問題は自分で解かずに正解を暗記し、辞書や参考書を自分で調べたりすることもなく、教科書ガイドのお膳立てを代用するわけですが、正統派の学習ではこれらすべてを自分の頭を通して、やることになります。

与えられた問題を自分で解くのは当然のこと、わからないことは辞書や参考書（解説参考書や百科事典、専門書など）を利用して、すべて自分で調べます。また授業中のノートも、ただ黒板を写すだけでなく自分でレイアウトを工夫したり、必要な書き込みを加えたりします。

3 テスト準備の方法

ごまかし勉強では、教師にどこがテストに出るか尋ねたり、ノートのかわりに要点集を利用したりして、暗記項目の絞り込みを行い、暗記材料も自分で作成せずに、できるかぎり教師または出版社が作成したものを使ったり、教科書にチェックペンでマークをして空所補充問題集にしながら暗記をしますから、ほとんど自分のエネルギーを使いません。

これに対し、ノートに自分で要点をまとめ、暗記項目の絞り込みも自分で行い、覚えやすい暗記材料も自分で工夫して作成するのが、正統派の学習ということになります。自分で要点をまとめるということは、学習内容の重要度の判別を自分でするということになるので、初めのうちは、教師が重要だと考えることを捨ててしまったり、逆に大して重要でもないことを要点と勘違いすることが出てきますが、何回かのテストを経ると、次第に体系の中での重要度の判定ができるようになります。さらに、要点を図解、表解したノートを自分で作るためには、体系や構造が把握できていなければなりませんので、わかりやすいノート作成を心がけることによって、体系や構造がつかめるようになります。

学習内容を人に説明するという方略で、学習する人もいます。私の中学生時代は友達に教える勉強法で、理解が深まりました。大学生のときに家庭教師をしたときも、生徒に説明させるやり方をとりましたら、成績が急上昇してその家庭から喜ばれたことを覚えています。人にわかりやすく説明するためには深い理解が必要ですから、この方法が有効なのだと思います。

ごまかし勉強はいくら繰り返しても、自分で要点を見抜く力や、体系や構造を把握する力がつきませんが、正統派の学習は、ある分野を利用して要点判別訓練や構造把握訓練がたびたびなされますから、将来どの分野に進むにしても役立つと思います。

4　利用教材

利用教材は、「1　学習の範囲」や「2　独創志向」の問題と密接に関わってきます。ごまかし勉強の場合は、教科書、教科書ガイド、教科書準拠問題集、教科書準拠トレーニング教材、要点集、他人の作った暗記材料など、自分ができるだけ関わりをもたないような教材でした。これに対し、正統派の学習では、教科書から出発して興味に応じて自由に範囲を広げていくわけですから、辞書、資料集、学習参考書、百科事典、新聞、専門書などが利用されることになります。ここで楽しさを味わうことが可能であると同時に、情報収集や、情報検索の技術を身につけることが可能です。これもまたどの分野に進んでも活かすことのできる知的技能です。

5 正統派の定義

最後になってしまいましたが、「正統派」の定義は、「本来の学習の目的を忠実に守りながら、目標達成行動を実施すること」です。したがって、第2章の「学習の意義」の項で前提としたような内容を目指す学習が、「正統派の学習」ということになります。

いかがでしょうか。さらに詳しい科目別の学習方法については、第7章で説明します。

第5章 書店の学参売り場から見える子供の変化

学参売り場の変化

「見出し」の「学参」とは学習参考書の出版界用語です。書店の学習参考書の売り場が、最近一五年間でがらっと変わってしまったのは御存知でしょうか。一九七〇年頃以前に生まれた方なら、書店の「学参」売り場に行くと、きっと驚かれるでしょう。子供の選ぶ姿があまり見られないというような変化もそうなのですが、ここで問題にしたいのは、存在する参考書の種類、つまり出版傾向のことです。どのような種類の学習参考書を出版するかということはもちろん個々の出版社の方針によるわけですが、長期的に見るとそこには市場原理が働きますので、出版傾向は利用者の意識を強く反映することになります。したがって、この一五年間の出版傾向の変化は、実は学習参考書を利用する子供たちが変化した反映だと見ることができますので、こういう視点から、この章では中学生対象の学習参考書を取り上げることによって、出版傾向の変化とそこから見えてくる中学生の姿の変化を少し詳しく検討していくことにします。子供たちの学習の質的低下をデータで示すのはかなり困難ですが、出版傾向分析によってそれが可能になるのではないかと考えるからです。

かつては、学習参考書と言えばいわゆる「解説参考書」が中心で、そこには詳しい解説や、興味を引くような話題が詰まっていて、学校の授業だけでわかりにくかったり興味がもてなかったりすることがあれば、読むと疑問点が解消したり面白さが見いだされるものでした。その他には、その解説参考書に準拠した「問題集」と、さらに受験用の「要点集」や「問題集」「難問集」などが学参売り場に並んでいたものです。

ところが一九八〇年代の後半になりますと、この「解説参考書」はどんどん売れなくなってきます。各出版社は、表紙のデザインや内容の充実に工夫を凝らしますがあまり効果はなく、生き残ろうとすれば方針転換を迫られるようになってきます。

一方「教科書ガイド」の売れ行きは落ちるどころか好調でしたが、この分野は特定の出版社の独占状態になっているため、他の出版社が参入することができません。そこで、考えられたのが、中間期末考査対策用の新しいタイプの学参です。

この新しいタイプは一九九〇年に登場し、売れ行きがとてもよかったために、一九九三年には他社も一斉に追随して、ついに学参の主流になるに至ります。これが多くの子供たちに支持されるのは、第3章で述べたように、子供たちの学習観の変化が一九八〇年代に進んだからだと私は考えています。つまり「学習は単なる作業である」という学習労役観が蔓延してくると考えると、非常にわかりやすいのです。

新タイプの登場

新しいタイプは各社いろいろの名前で呼ばれています。旺文社が「わかりやすい」シリーズ、文英堂が「これでわかる」、駸々堂出版が「らくらくわかる」、受験研究社が「これだけは」という具合です。名前こそ違いますが、どのシリーズも次のような従来にない共通の特色をもっています。

①章だてが細かく、各章のページ数が一定
②必要最低限の学習項目
③暗記材料の提供
④解答書き込み式の問題量が多い
⑤著者名（または監修者名）がない

これらをもう少し詳しく検討することにしましょう。

まず①の章だての問題です。一般に書籍の目次は、その本で述べられる内容の体系を示しています。従来型の解説参考書もそのような目次ですから、歴史の本であれば目次を見ただけで大きな流れがわかりますし、理科にしても学習内容間の位置付けなどが目次のおかげでよくわかります。記述の量も内容本位に決まっていますから、豊富な内容の章や理解が困難な章には当然ページが多く割かれ、章ごとのページ数も一定ではありません。

それが新しいタイプでは、従来の四〜五章というのが一気に増え、二五〜三〇章になっています。年間の授業時間数を考えるとすぐにわかりますが、学校で一週間に学習する量が一章分になっているのです。各章ごとに豊富な量の問題がありますから、自分の学校の定期考査の範囲に合わせて章を選び試験準備をすることが容易になっています。

新タイプのこの傾向を見ますと、試験準備用にははるかに従来型より優れているように見えますが、ここで犠牲になっていることがないかを考えてみましょう。

まず、第一に解説のページがどの項目も一定量に限定されているため、発展的な興味深い内容はほとんどすべて削除されてしまっています。また、単元によって子供たちに理解しやすさが異なるのですが、難しい単元にはより多くのページを割いて解説するなどということができなくなりました。

これはベテランの中学校の教師であれば誰でも知っていることですが、多くの子供たちが必ずつまずく内容は、各教科でだいたい決まっています。たとえば英語なら「不定詞」、数学なら「数式化」や「図形の証明」、理科なら「イオン」[1]、社会の歴史なら「土地制度史」や「氏姓制度」といった具合です。従来型ですと、このような内容については、出版社によっていろいろと工夫がなされているのですが、新タイプではどこが試験に出やすいかを指摘するのがせいぜいで、必ずしもわかりやすい説明があるとは言えません。

つまり、学習作業のやりやすさが、内容理解より優先されているのです。そういう教材が子供たちによって支持されているということは、「学習は別に面白くなくて当然。理解したいとも思わない。作業が義務であるならやりやすい方が楽だ」と考える子供が多くなってきたことを意味すると考えると、うまく説明がつきます。

第二に、前にも述べましたが、体系性が犠牲になっています。我々の知識は、何も学校からだけではなく、いつでもどこでも吸収可能ですから、生徒に個別の知識を吸収させるだけが子供時代に継続的集中的に教育する意義ではないはずです。それらの知識をどのように体系化できるのかを知るということも、教育の重要な意義のひとつではないでしょうか。知識は体系化することによって意味をもち、役立てることができるのです。

従来型の解説参考書であれば、自分の学習を深化させたい、発展させたいと思えば、まず目次を見て、項目を探さなければなりません。そして目次を見ているうちに、その分野の体系がどうなっているのかが自然に学べるようになっているのですが、新タイプではこれができません。さらに複数章にまたがる課題を検討することも、省略されるようになりました。数学では融合問題が除外されていますし、英語も他の章で学習する文型と組み合わせるような問題は、かなりはずされています。社会でもいくつかの章にまたがるたとえば「土地制度史」のような内容は解説からはずされ、入試問題のみが巻末の総合問題のところに掲載されるようになるのです。これは、授業進度準拠、小部門独立主義にしたことから必然的に発生する欠点です。学習というのは、いくつかの下位項目が習得された後でそれを総合すると今まで見えなかったものが見えてくるという点で面白さが味わえるものですが、この面白さが犠牲になってしまっています。

次に②の学習項目のことを検討していきます。これは①の解説のスペースの減少の結果ですが、新しいタイプでは、詳しい解説よりは要点を解説する形になっているため、提示項目は教科書と同じかそれ以下になってしまっています。これは、「できるだけ疑問をもたないようにして、学習内容は鵜呑《うの》みにする」という学習姿勢と、また実によく合うようになっているのです。

③の暗記材料の提供ですが、これは、それぞれの章の最低必要暗記事項が、一問一答式で表になっているものです。新しい領域を学習する場合には、用語ですとか、基礎データなど暗記しなければいけないものが必ずあります。それを見つけ出して、要点を自分でまとめ、暗記材料を自分で作成するところに学習の重要さがありますが、その手間を出版社が省いてしまっているのです。これも「面倒なことはできるだけやりたくない」という子供たちの傾向にあっているために、「売れる」ということには貢献していると思われますが、子供たちの自己教育力の育成を犠牲にすることになるのです。

人間は元来なまけ者の存在です。したがって、いつもお膳立てがされていると、自分で準備をしようという意欲がなくなってきます。突然話題が変わりますが「おむつ性失禁」を御存知でしょうか。老人におむつをさせるとかえって失禁を促進してしまうという現象です。自律性は、過保護によっては育成されず、かえって疎外されるものだということの大変わかりやすい例だと思います。ですから、教育的見地からすれば、どんなに子供が要求しても、こういった暗記材料は決して提供してはいけないのではないでしょうか。

出版社によっては、一問一答式でなく、切り取ると暗記カードになる付録がついていたりするものがありますが、教育的な害という意味では同じことです。

④の問題の量が多いというのは、従来の解説参考書に比べればということで、問題集を別に買うことと

比べたら、特に多いというわけではありません。問題集は、本来学習が終わった後に、自分の習得度を自己確認するために使うもののはずです。問題を解いて誤りがあれば、それは学習不充分を意味しますから、その弱点を補強した上で、再度問題を解き習得を確認するように使うというのが、本来の問題集の使い方だと思われます。

新しいタイプでももちろんそのような使い方は不可能ではありませんが、注目すべきは、解答欄が書き込み式になっている点です。従来型の問題集では、「本書の使い方」というページに、「自分の答えは問題集に書き込まずにノートに記入し、誤答マークのみ問題集にチェックし、その部分を繰り返し確認すること。」という旨の教示があったものです。次々といろいろな問題集に手を出すことを戒め、一冊を繰り返した方が習得効率が良いことまで説明してありました。その同じ出版社が、わざわざ解答のスペースを取っているのはなぜでしょうか。それは、生徒が「ごまかし」に利用することをも想定しているからにほかなりません。解答スペースをどのようにして「ごまかし」に利用するかについて簡単に言ってしまえば、問題は自分で解かずに、初めから解答を記入してしまい、それを暗記する形で利用するのが、最近増加していると考えられる「ごまかし勉強」の典型的なやり方なのです。

⑤の著者名（または監修者名）がないということは、このタイプの学習参考書は、専門家が提供する資料として存在しているわけではなく、単なるワークブックとして提供されているということの、証拠でもあります。資料として利用するための本ではありませんから、専門家の名前など不要で、作業のお膳立てさえ整えてあれば、別に誰が作った本であるかはどうでもよいということなのでしょう。

さて以上のように見てきますと、この新しいタイプの学参は、まさに「ごまかし勉強」用の教材であることが見えてくるでしょう。確かにこの本は正統派の学習に活用することもある程度は可能ですし、本自体は、何も「ごまかし」を奨励してはいません。しかし、子供たちの学習実態をよく研究して開発された商品だけあって、「ごまかし勉強」に最適の学習材料になっており、しかもよく売れているということで、出版社による子供たちの学習実態把握が正確であることを証明しているのです。

旺文社の学参の変化

種類別の学習参考書を売上実績によって比較できれば、本当は一番よいのですが、売上についてはどの出版社も公表していませんので、ここでは学参業界で最大手と言われる旺文社の図書目録を使って、一九九九年と、一五年前の一九八四年の、その商品構成の変化を見てみることにしましょう。断っておきますが、この変化は旺文社一社だけの特別な変化ではありません。他の出版社も大同小異です。本当はすべての出版社のデータが示せればよいのですが、残念ながら、出版年鑑の「学習参考書」のページは、すべての出版物が掲載されておらず、データとして利用できません。また、当時の出版傾向を守り続けていたために撤退を余儀なくされた出版社もあり、単純な比較はあまり意味をなしませんので、代表として、旺文社の商品構成のみ、紹介しようと思います。

さらに、ここで旺文社を取り上げるのは、決して旺文社の営業姿勢を批判するためではないということも、断っておく必要があるでしょう。出版社としての活動を続けていこうとすれば、子供たちの学習実態を正確に把握し、それに合わせた商品構成にしていかざるを得ないのは、当然のことです。だからこそ、その出版傾向が資料としての価値をもつわけです。

辞典、事典、入試問題データベースを除きますと、一九八四年度用の目録（一九八三年度に発行）によれば、中学生用の学習参考書は一四二種類発行されていたのが、一九九九年度用の目録（一九九八年度に発行）では一三八種類で、種類数はほとんど変わりませんが、その構成は著しく異なります（表５‐１）。

次のページの図５‐１を見ていただきましょう。一九九九年では、一九八四年になかった中間期末対策用学習書が、全体の三分の一近くを占めているのがおわかりでしょう。これが一九九〇年から登場した新タイプの参考書です。一九八四年には六割を占めていた正統派の学習用の参考書が四分の一近くにまで減って、「ごまかし勉強」用の参考書に食われてしまっているのがおわかりでしょう[2]。

ここまで書いてきますと、この分類は確実なのか、もし別の人が分類したら別の結果にならないか、という疑問をもたれる方があるかもしれません。学習参考書の世界では、各分類ごとに「シリーズ名」と書籍サイズが決まっており、書籍を見ると、誰でもどの分類になるかがわかるようになっています。これは、旺文社だけでなく他の出版社も同一です。さらにどの分類になるかによって、書店の店頭に配列する時期も異なるので、誰が分類しても同じ結果になると思います。

一九八四年の段階では、旺文社の解説参考書は、「ハイトップ」と「パーフェクト」という二つのシリーズからなっていました。「ハイトップ」はどちらかと言えば学習の深化用、「パーフェクト」は発展学習用という編集方針になっていました。

たとえば、多くの中学生が苦手とする理科の「イオン」の単元ですと、イオンの詳しい説明はどちらに

表5-1　学習参考書の分類別発行種類数15年間の比較
（旺文社中学生用学参の例）

分類	例（シリーズ名）		年度別実数		年度別%		
	1984年	1999年	1984	1999	1984	1999	
◎解説参考書	ハイトップ、パーフェクト	サンライズ	35	14	24.6	10.1	正統派学習用
◎解説参考書準拠問題集	ハイトップ、パーフェクト	サンライズ	35	14	24.6	10.1	正統派学習用
◎分野別学習書	征服、解き方	征服、解き方	15	8	10.6	5.8	正統派学習用
△中間期末対策用学習書		でるでる要点ほか	1	39	0.7	28.3	←ごまかし勉強用新タイプ
◇受験用問題集	実戦力完成ほか	実戦力完成ほか	25	32	17.6	23.2	
◇受験用要点集・攻略本	ピタリ要点ほか	でるでる要点ほか	31	31	21.8	22.5	
◎正統派の学習用　◇受験用　△90年以降の新タイプ			142	138	100	100	

（旺文社の学習参考書目録より作成．辞典，事典，入試問題データベースは除く）

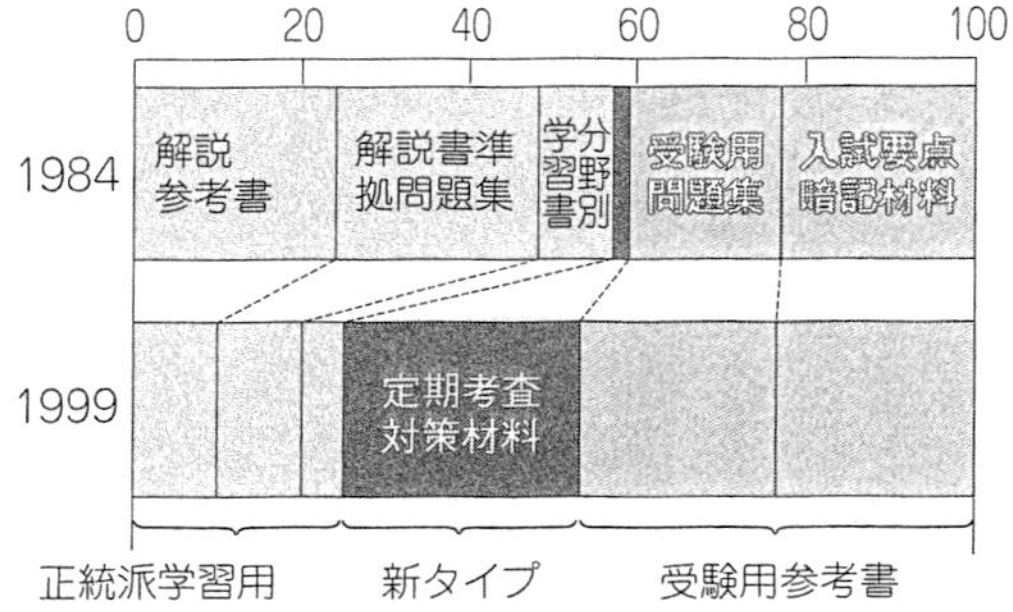

他の出版社も同傾向
＋
解説参考書にこだわった出版社は撤退することに
＋
出版傾向は購入者の要求の反映
⬇
ごまかし勉強の増加の傍証

新タイプの学参の特徴

- ①章だてが細かく、各章のページ数が一定。←内容本意でなく作業本意、体系性犠牲。
- ②必要最低限の学習項目。←学習範囲の限定。
- ③暗記材料の提供。←自己関与性の低下による省力化援助。
- ④解答書き込み式の問題で、量が多い。←機械的暗記。
- ⑤著者名（監修者名）がない。←~~専門的資料~~ 出題資料＋進行援助。

図5-1　分類別発行種類数のグラフ

もあるのですが、その他に「ハイトップ」では、科学史の話が加わり、酸やアルカリの発見がどうしてなされたか、ファラデーやアレニウスの研究などが紹介され、読み物としての面白さも充分に工夫されています。一方「パーフェクト」の方は、電気分解の応用として、銅の精練や、メッキの話に発展します。我々の身近にはメッキされたものがたくさんありますから、これを読むと、そのとき学習しているものが、いかに日常に役に立つかということがよくわかります。まさに正統派の学習を支援している編集方針が見てとれます。

同じ単元は、一九九九年度はどうなっているのでしょうか。「ハイトップ」や「パーフェクト」は一九九六年に廃止され、一九九七年からは解説参考書として、「サンライズ」というシリーズが登場します。たとえば、中学三年の理科の場合、二四〇ページのうち解説が二二五ページで九四%を占めていますから、確かに解説参考書には違いないのですが、知的好奇心を刺激するような面白い話は、ほとんど削除されてしまっています。その代わり、カラー写真が多くなると同時に、実験についての記述が詳しくなりました。実験の経過を細かく追いながら、その時点その時点での注意点を克明に記すという徹底ぶりです。

実験についての記述が詳しくなったということは、何を意味するでしょうか。ここで少し脇道にそれて、中学校の理科の実験の授業の様子と、そこでの子供たちの行動に目を向けてみましょう。

授業での実験の現状

現在の理科の教科書は、子供たちの思考力を養成するために、実験や観察を通してしくみを理解するという方針で作られています。いろいろなものをよく観察する、そこにある現象を発見する、そして法則性が見つけられないかを考える、知っていることから予想をしてみる、実験で確かめる、仮説や予想が正しければ次に発展させ、正しくなければ考え方を修正して次の実験をする、という手順で授業が進めやすいように、教科書が作られているのです。もし理念のとおりに授業が進められれば、思考力は必ずつくでしょうし、教師の講義を受動的に受けるよりは、自分から実験をしたほうが能動的に課題に取り組むことになるのですから、この方針は正しいと言えます。しかし、これを現場で実践しようとすると、そこにはさまざまな障碍《しょうがい》が待ち受けているのです。

教育の目標から実験のことを考えると、実験が成功するために絶対必要な条件は、次の五つではないでしょうか。

①実験者が実験をやってみたいと思っていること
②実験者が、実験の方法を自分で決められること
③実験者が、自分で準備すること

④実験の時間に制限がないこと
⑤実験の結果から、次の方針を考える自由があること

①は、実験者が結果を知りたい、結果はわかっているが確かめてみたい、あるいは、実験のやり方を習得したいと思っていることでないと、実験自体に身が入らなくなり、実験が単なる強制作業になります。

②の方法の件ですが、ある仮説を確かめるにはどんな方法がよいかを考えるのも重要なことです。いくつか方法を考え、最適と思われる方法を試し、それでうまくいかなければ次の方法というように試行錯誤することで、考える力がついていくからです。

③の準備ですが、実験の方針が適切でも、準備不充分であったり、準備の仕方が不適切であると、実験はうまくいかないものです。自分で準備したものは自己責任がありますから、結果が失敗のとき、次にどうしたらよいか誰でも必死で考えますが、他人の準備によって失敗だったときには自己責任がありませんから、解決に意欲が湧きません。

④の時間の問題ですが、実験は通常その過程で予期せぬことが起こります。そこで立ち止まって、なぜそうなったのか、どうしようかと悩むことによって、思考力が養成されるわけですが、時間制限があったらとうていそんな気にはなりません。

そして、最後に⑤です。当たり前のことですが、試行錯誤の効用は、結果の成功失敗から学ぶということです。したがって、実験をしたら、その後その実験をもう一度振り返って問題点を発見し、次の方針を決めるということになっていなければなりません。学校という場は、幸いたくさんの生徒が同じ実験をし

ていますから、いろいろな事例を報告し合って、みんなで考えるということができます。そのときに次の方針を決めていける自由が必要なはずです。

もうお気づきだと思いますが、学校の授業中の実験に関してこういうことを言い出したら、現在の学校では実験はできません。⑤については、ベテラン教師であればうまく年間カリキュラムを融通できるかもしれませんが、後の四つは不可能に近いと言わざるを得ません。

まず①ですが、参加者に問題意識をもたせようとしても、興味関心には個人差があり、実験予定日までに実験の意義を全員に納得させることは困難を極めます。特に考えることを面倒がる子供たちに、実験してみたいと思わせるのは至難の業《わざ》です。そこで、教師としては、問題意識が充分に熟していなくても、予定どおり実験をせざるを得なくなります。

②も、設備、費用などいろいろな制約があり、そうそう自由にと言うわけにもいきません。しかし、これは可能な範囲でということで生徒を説得して何とかクリアしたとしても、次の③が待ち受けています。実験をやりたいという段階まで意識が高まっていないと、準備を面倒がる生徒は、たとえそれがすごく簡単なことであっても、期日までに準備をしません。一人でもそういう生徒がいると、もう実験はストップしてしまうでしょう。そこでたいていの教師は途方に暮れ、教師の側ですべて準備してしまうという方針に切り替えざるを得ないことになります。生徒を脅して準備させると、実験からますます心が離れていってしまうからです。そして、④は授業時間中にやることを考える限り、通常の時間割では不可能です。

その結果、苦肉の策として教師が準備をして、授業計画を守りながら、生徒にはハイライトの部分だけやらせて、予定どおり「実験」をやったことにしてしまうか、デモンストレーション実験と称して、教師が実験を目の前でして見せるという方針を採ることになります。これが、学校の実験の平均的な実態です。初めの実験の目的からすれば、こんなものは実験ではなく「反応体験」に過ぎませんが、でもやらないよりははるかにましなので、現実はここのところに落ち着いてくるわけです。

生徒から見た実験

ここまでは、授業中の「実験」について、主として教師の側からの事情を説明してきました。こういう「実験」は、生徒の側からはどのように見られているでしょうか。

次の表は、最近の中学生から聴取した、学校の理科の実験にたいする感想です。上段の①～⑤が実験が好きだと言った中学生の感想、下段の⑥～⑩は嫌いだと言った中学生の感想です。

①気分転換になるので面白い	⑥なぜやるのかよくわからない
②結果がどうなるのかワクワクする	⑦わざわざしなくても本に書いてある
③もっといろいろやってみたい	⑧本のとおりにならない
④実験してあるとよく覚えられる	⑨皆で協力できない
⑤適当にサボれる	⑩片づけが面倒

②や③の感想をもつような子供にとっては、授業時間の実験が充分に役に立っていると思われますが、⑤や⑥や⑦の感想をもつような子供には、実験が無意味な作業に映っている可能性があります。⑧の感想は結構多いのですが、こういう感想をもつ子供は、よく聞いてみると、「本に書いてあることが正しく、そのとおりの結果が出なければならない」と考え、もしそうならない場合には「それは自分が悪い」とか「実験をやっても無駄」と考えていることが多いのです。これは明らかに実験に対する誤解です。こういう誤解があるから、実験が嫌いになっているのでしょうが、実験にたいする認知的枠組みを変えてあげれば、実験が好きになる可能性を充分にもっていると思います。

ここまででわかるように、一つの実験だけを取り上げても、これだけ多様な受け取り方が、生徒の側にあるわけです。実験中は、①~④の感想をもつような子供は熱心に参加するでしょうが、⑤~⑦の感想をもつような子供は、きっと手抜きをしているであろうことが想像できます。実験を含む授業のやり方は、担当の教師によって異なるので、一概には言えませんが、残念ながら多くの授業では、後者のようにマイナスの印象をもつ子供の人数の方が多いのが普通です。

さて、問題はここから後です。実験からしばらくたつと試験があります。教師は、生徒に実験には積極的に参加させたいと思っていますから、実験に関する出題をします。実験に熱心に取り組まなかった子供は、ここで詳しい解説参考書にめぐり合えば、ほっとすることになります。そこには、実験上の注意点から、結果からわかること、不思議に見える現象の原因など、試験に出そうなことはそれこそ何でも書いてあるのです。まさに解説参考書が救世主に見える瞬間です。そこに書いてあることを憶えておけば、点数だけは取れるわけです。

教師にしてみれば、テストで実験に関する出題をすれば、熱心に実験を活用した生徒が高得点になり、サボっていた生徒は得点が低くなって、最終的にはその経験からみんなが熱心に実験に参加してくれるようになるだろうと願って出題するわけです。しかし、実際はそうならなくて、サボっていても参考書を覚えれば点が取れてしまいます。ですから、実験解説の詳しい参考書が存在していると、教師の善意は有効に働かないのです。

一般に授業が成功するか失敗するかは、すべてその担当教師の責任として語られることが多いわけですが、実は生徒の協力がなければ授業はうまくいきません。ですから、教師の力量のかなりの部分は、いかに生徒の協力が得られるようにできるかということではないかと私は考えています。タネのわかっている手品は、わからない手品に比べ興味が半減します。実験は、結果がわからないという点で手品に似ています。ですから、そのタネをいつでも参照できるように参考書に載せてしまうというのは、参考書の著者にはそういう意図はないでしょうが、結果的に授業での教師に対する生徒の協力を妨害してしまうことにもつながるのです。ここで言う協力とは、生徒が、教室での実験の場を、不思議さが体験できる貴重な場だと考えて実験に参加することを意味しています。タネがばれている（あるいはどうせすぐにタネがばれる）ところで、つまらない手品をやらされている手品師とその観客を想像してみてください。写真入りで詳しく参考書に実験解説をすることで、そのようなこっけいな場面が教室で展開することになってしまうわけです。

脇道にそれて、実験について見てきましたが、そろそろ本題に戻ることにします。解説参考書に、実験の記述が多くなったということを述べました。実はこれも「ごまかし勉強」に利用可能な方向へのひとつの変化であったことが見てとれましょう。ですから、分類上は解説参考書ではあっても、新しいタイプの学習参考書では、実は正統派の学習を促進する度合いが減り、ごまかしを容認する度合いが増していると言えます。

さらに解説参考書のシリーズからは、一九八四年用に存在していた、音楽、美術、技術家庭、保健体育などのいわゆる実技科目の本が、一九九九年用では存在していないのがわかります。これはサンライズのシリーズが始まる一九九七年からすでになくなっています。このことは、子供たちの学習から実技科目がすでに切り捨てられていることを意味しています。切り捨てられた原因は、定期考査を主要五科目に限定する学校が多くなったことと関係があると思われます。

再び参考書の変化

さて、分野別参考書は、図5-1で正統派の分類に入れてありますが、その内容については話題にしませんでした。旺文社の分野別参考書は、科目全体をある視点から学習する「征服」というシリーズと、特定領域のみを徹底的に追求する「解き方」シリーズから成り立っています。たとえば学年を越えて関数の学習を系統的にしたい場合には、『関数グラフ問題の解き方』という本、英語を長文読解という立場から学習しようとすれば『英語長文読解の征服』を使うということですが、『関数グラフ問題の解き方』の方は、もう出版されていません。分野別参考書も一五種から八種と一五年間で半分になってしまいました。

原因か結果か

さて、ここまでで一九八四年用の出版目録と、一九九九年用の目録を比較して、その変化を論じてきました。種類の変化が子供たちの学習傾向を反映しているという見方で述べてきたわけですが、読まれた方の中には、出版傾向が子供たちの学習行動の原因ではないか、という意見をもたれる方があるかもしれません。確かにそういう側面も、ほんの少しはあるかもしれません。しかし、現在学習参考書は子供たちの学習行動にそれほど強い影響力をもってはいません。一九九九年の後半になって、学習参考書の売り場面積を縮小する動きが、首都圏の書店では加速しています。それほど学参は売れなくなっているのです。

旺文社の変化にしても、一五年間に単純な変化があったというわけではなく、毎年少しずつ新しいシリーズを出しては、何が売れるかを模索した結果、現在のところに落ち着いているわけで、現状は、出版業界が子供に影響を与えられるどころではありません。たとえば、一時期「まんがで覚えるシリーズ」というシリーズが出されたことがあります。「漫画世代」と言われる子供たちですから、漫画を利用して有意味学習をするという方針なら当たるだろうという判断で登場したのだと思いますが、結局このシリーズは長続きしませんでした。本書で主張する見方からなら、これは充分説明がつきます。もし、学習内容を習得したいと思っている子供が多く、そういう欲求が強いのであれば、漫画を使って有意味学習をすることを望むと考えられますが、「内容は習得しないでテストだけごまかせばよい」と思っている子供が多ければ、こういうシリーズは利用しないからです。

実は、この漫画の学習への利用は、旺文社だけの単独発想ではありませんでした。一九九四年一月五日、文部省が初等中等教育局長の私的諮問機関である協力者会議を開き「子供たちの読書離れに歯止めをかけるため」の方策を問うたところ、「漫画が子供の読書離れを防ぐ切り札になる」という意見が出されたため、漫画を学校教育に取り入れる方針が出され図書館施設も対応策を講じたということと関係があるのです。しかし漫画によって学習に魅力をもたせ、学習内容を有意味化するという方法は、子供たちから完全にソッポを向かれました。国の政策のあとおしがあっても、そう簡単には子供の傾向は変えられないことがわかります。

例はこれだけではありません。中学生用の、社会科用語辞典や理科用語辞典は、かつてはすばらしいものが出版されていたにもかかわらず、それも売れないために現在は絶版になっていることと考え合わせると、作業としての学習をする子供の多さが見えてくることと思います。

このような事例を見ると、やはり出版傾向は原因ではなく、結果なのだと考えざるを得ないわけです。

折り込み広告による傍証

以上の学習参考書の変化の分析により、ごまかし勉強の増加が裏付けられたと思いますが、さらに、学習塾の折り込み広告の内容の変化の分析も、つけ加えておこうと思います。これも、ごまかし勉強の増加の証拠になると思われます。

新聞の折り込みチラシを集めて、その年次変化を比較してみますと、興味深いことに、どんなキャッチコピーが企業によって強調され、顧客の心をとらえているのかがよくわかります。学習塾の折り込みチラシも、七〇年代後半、八〇年代後半、そして九〇年代後半で、それぞれ強調点が異なっています。教育者が設立した塾が多い七〇年代は、教授内容を示して募集するものが多かったのに対し、教材会社の設立した塾が多い八〇年代は受験の成果を示すものが主流になり、そして九〇年代後半の最近のものは、定期試験対策を強調するチラシが目立ちます。それも多くは短期間のみ受講可能なシステムになっており、ごまかし勉強用であることは明らかです。中には「泥縄学習」というキャッチコピーまで使っているところもあります。このことも、ごまかし勉強をする子供たちが増えていることの証拠になると思われます。

以上、子供たちの間に「ごまかし勉強」が増加していることを、学習参考書の出版傾向を分析することによって、検証しました。義務教育の期間は、正しい学習観を形成すべき時期です。そういう時期に、正しい学習法であると信じて、ごまかし勉強をする子供が多くなっていくとすれば、これは大変な社会問題です。この傾向は、まだまだ社会的に認知されていませんが、何としてでも歯止めをかけなければならないと思います。

第6章 ごまかし勉強の実態に迫る

第3章では最近三〇年間で中学生の学習が変質したことを示し、第4章では最近増えているごまかし勉強の内容を紹介し、その傍証として第5章で学習参考書の商品構成の変化をお伝えしました。しかしながら、やはり学習者本人を調査したデータがほしい気がします。ただし、三〇年前にタイムマシンで戻って調査をして比較するということは、残念ながら不可能です。本章では最近のデータのみの報告しかできませんが、かなり明瞭な年次変化が見てとれますので、学習者本人を対象とした調査データということでお許しいただきたいと思います。私の実感どおりの結果になり、正直なところ、調査を行った私でさえも驚いています。

正統派の学習の減少

まず、図6‐1を御覧ください。在学年度別に見た、中学生の家庭学習姿勢の割合を示しています。同じ個人でも、科目によってAの科目は正統派の学習だが、Bの科目はごまかし勉強だということがいくらでもありますので、この調査を実施するに当たっては、各個人に英語、数学、国語、理科、社会の五科目について、それぞれの学習法を尋ねました。このグラフではそれらを全部総合した結果が示してあります。表6‐1には、各年度の調査対象人数と総科目数を表示しておきました。たとえば一九九四〜九六年度の場合は、調査対象の一六一名が、それぞれ五科目分回答していますから、161×5で八〇五科目分の内訳がグラフになっているわけです。

このグラフを見ると、年を追うごとに正統派の学習をする科目が減っていることがわかります。そして、その分ごまかし勉強をする科目の割合が増えています。連続した五年間という短い期間でしかないのに、これだけ変化しているというのは、私の予想をはるかに越えていて驚きました。それと同時に、学習をしない科目数も着実に増え続けています。変化の様子ですが、一九九二〜九四年度に中学校に在籍していた人達（つまり一九七九年度生まれの人達です）のところで大きな変化があり、それ以前は正統派の学習が六割位あったのに、突然四割位になってしまっています。実は、第1章で紹介した最近一五年間の大学生の計算力変化のデータでも、一九七九年度生まれの大学生から急激に計算力が落ちていますので、この年度以

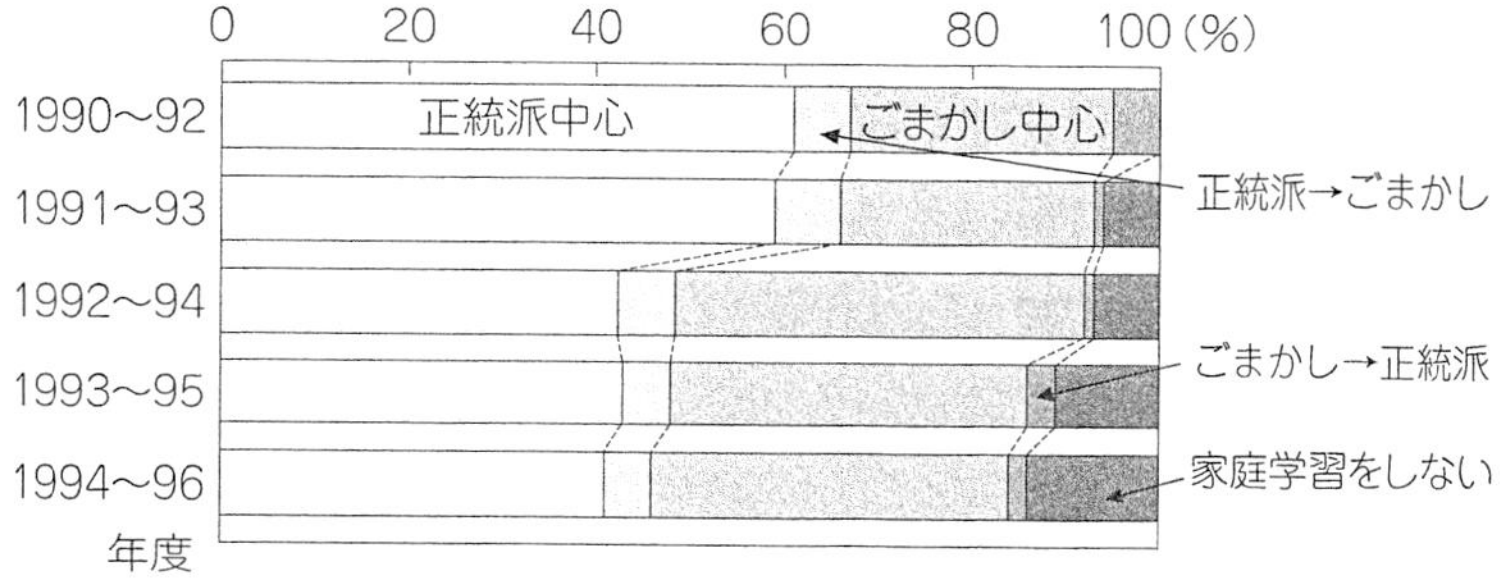

図6-1　在学年度別中学生の家庭学習の姿勢
（受験準備は除く）

表6-1　調査対象一覧

中学在学年度	人数	科目数	高校在学年度	人数	科目数
1990〜92	65	325	1993〜95	64	320
1991〜93	78	390	1994〜96	78	390
1992〜94	111	555	1995〜97	111	555
1993〜95	126	630	1996〜98	126	630
1994〜96	161	805	1997〜99	161	805

降の人達の学力に影響するような何かが、どこかで起こったと思われます。

ひとつの可能性として、この年度生まれの人達以降はその前年度までと準拠している学習指導要領が異なっているという点の指摘が、あるかもしれません。確かに、中学校の新指導要領の完全実施は一九九三年四月からですから、この学年の人達は中学一年で移行措置、中学二年三年で新指導要領の授業を受けたことになります。しかし、このときから実施された学習指導要領は、決してごまかし勉強を推奨するようなものではなく、「新しい学力観」が強く主張されたものでした。ですから、学校教育が指導要領に忠実に準拠して変わっていれば、ごまかしが増えるとはとうてい考えられません。ですから、時期が一致しているというだけの根拠で、原因を安易に学習指導要領に結びつけることなく、何が正統派の学習を減らしたかを究明していくべきだろうと思います。

さて、正統派の学習を減らした謎の要因が、減らした分すべてをごまかし勉強に移行させているかというと、図で見る限り量的にはそうなっていません。ここで、第4章で説明したごまかし勉強の仕組みを、再度思い出していただきたいと思います。学習労役観に素直にしたがってごまかし勉強をする人も多いわけですが、労役としての学習に耐えられない場合には、逃避という選択肢がありました。図6‐1では「家庭学習をしない」という率が年々増えています。ごまかし勉強に仕向ける要因がさらに強くなっているので、素直にごまかし勉強をする人達の割合のある部分がさらに逃避に移行し、その逃避の率が増えていると考えると、このグラフの比率の変化の意味がよくわかります。

あと、このグラフで「正統派→ごまかし」となっているのは、初め正統派で学習していたが、その後ごまかしに切り替えたという科目です。この率はあまり変化していません。逆に、初めごまかしで後から正統派に切り替えた「ごまかし→正統派」のほうは、少しずつ増えているように見えます。個別に事情を尋ねてみると、ほとんどの事例は、初めのうちごまかし勉強でやっていたが少しもわかるようにならないので、学習塾に通うようになって正統派に切り替えたそうです。後は、定期テストの点だけ良くても校外模試を受けると成績が非常に悪いため、これではだめだと思って切り替えた例もたくさんありました。受験準備とごまかし勉強の関係については、第12章を御覧ください。

このデータは、中学生対象に直接調査を行ったものではなく、大学生に中学時代を想起して回答してもらったものですので、大学進学をしない中学生は含まれていません。ですから、すべての中学生の姿を示しているとは言えないかもしれませんが、年次変化の様子はわかりますし、大学まで行かなかった人達の

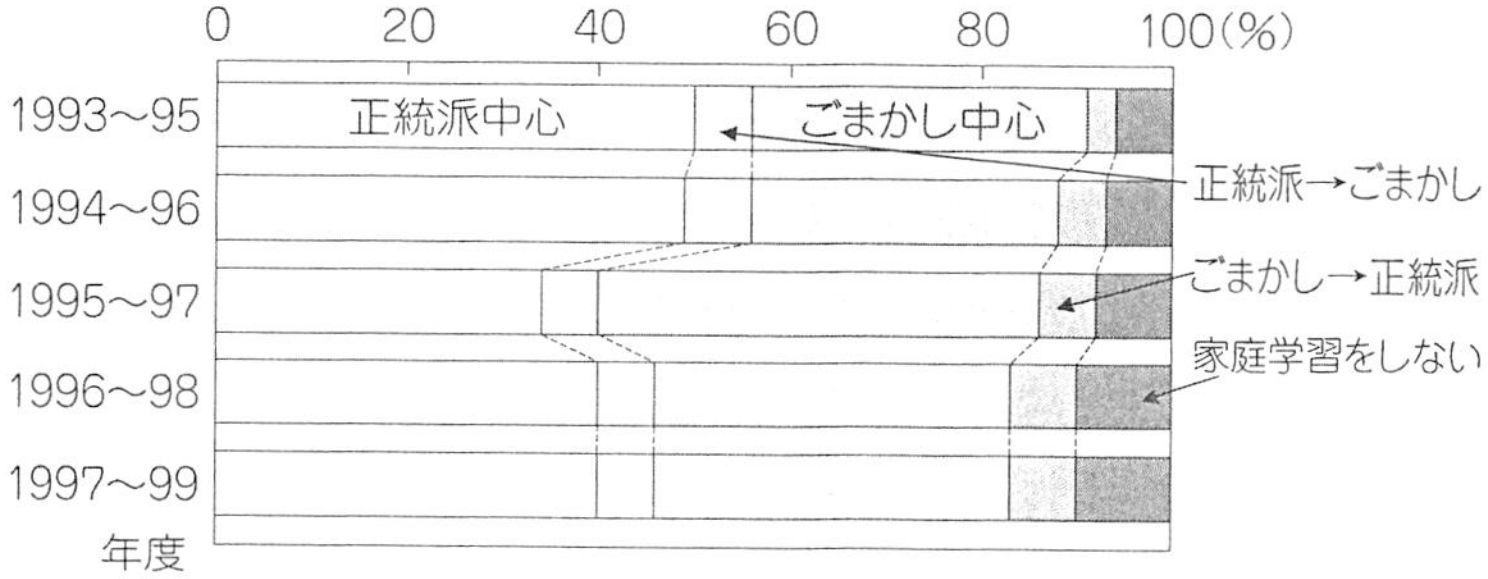

図6-2　在学年度別高校生の家庭学習の姿勢
(受験準備は除く)

データを加えたからといって正統派の学習の率が急に上がるということも考えにくいと思います[1]。

図6-2は、高校生の実態を示しています。同じ生まれ年度であっても、高校生は、中学生よりもさらに正統派の学習をする科目が少なくなり、ごまかし勉強が増えています。この理由は、高校生の場合、平常授業への対応と受験準備とを区別し、受験に生かさない科目については切り捨てて、定期テストのみ乗り切ればよいという作戦になっているものと思われます。その点を除けば、全体の傾向は中学生と同じです。正統派からごまかしに切り替える率は一定なのに、ごまかしから正統派に切り替える率は増えているという傾向まで同じです。一九七九年度生まれの人達は、高校生の時代も多くの科目をごまかし勉強で乗り切ろうとしています。

さて、図6-1、2で正統派の学習とごまかし勉強の比率の年次変化を見ましたが、この比率には、大学生の専攻の差や、性別や、大学の難易度が影響するのでしょうか。これについても、確認しておく必要があるでしょう。

まず、正統派の学習をするか、ごまかし勉強をするかの傾向に、

表6-2　1991～93年度中学生の家庭学習の男女差（%）

学習姿勢	男子	女子
正統派中心	54	63
正統派→ごまかし	9	2
ごまかし中心	29	29
ごまかし→正統派	1	0
家庭学習をしない	6	6

（調査対象250科目）

表6-3　1991～93年度中学生の家庭学習の進路差（%）

学習姿勢	文系	理系
正統派中心	58	59
正統派→ごまかし	6	5
ごまかし中心	29	24
ごまかし→正統派	1	0
家庭学習をしない	6	11

（調査対象365科目）

表6-4　1991～93年度中学生の家庭学習の大学差（%）

学習姿勢	A大	B大	C大
正統派中心	58	56	59
正統派→ごまかし	6	6	7
ごまかし中心	29	30	27
ごまかし→正統派	1	3	1
家庭学習をしない	6	5	6

（調査対象770科目）

男女差は影響するのでしょうか。表6‐2は、一九七八年度生まれの中学生に限定して男女差を比較してみたものですが、一見してわかるように男子と女子でその傾向に差はありません。また、大学で理科系の学部を選択するか、文科系の学部を選択するかで比較したのが表6‐3ですが、これもまた有意な差はありません。さらに表6‐4では、偏差値の異なる三つの大学でデータを比較してありますが、これにも差はありません。(2) ですから、平常の家庭学習における正統派の学習やごまかし勉強の比率の調査に関する限り、調査対象の大学生の属性は、あまり考慮する必要がないと考えられます。

正統派の学習の中身

さて、正統派の学習が中心だと回答した人達は、日頃の予習復習だけでなく定期テストの準備も正統派の学習をしていたのでしょうか。それを調べた結果が、図6‐3と図6‐4です。図6‐3は中学生で図6‐4は高校生、またグラフの左側は、日頃の予習復習だけでなく、定期テスト準備も正統派の学習をした科目、右側は、日頃の予習復習は正統派の学習をしたが、定期テストの準備で時間が足りないときなど、ごまかし勉強を組み合わせた科目の割合を表しています。これも一九七九年度生まれの人達は特異な値になっていますが、それ以外は少しずつごまかし勉強を組み合わせる割合が増えています。このことは、定期テストの問題が「ごまかし勉強」で点数が取りやすいように変化しているのか、ごまかし用の有効な教材が少しずつ普及していることを暗示しています。これについては、第11章で詳しく述べるつもりです。

◎中学生

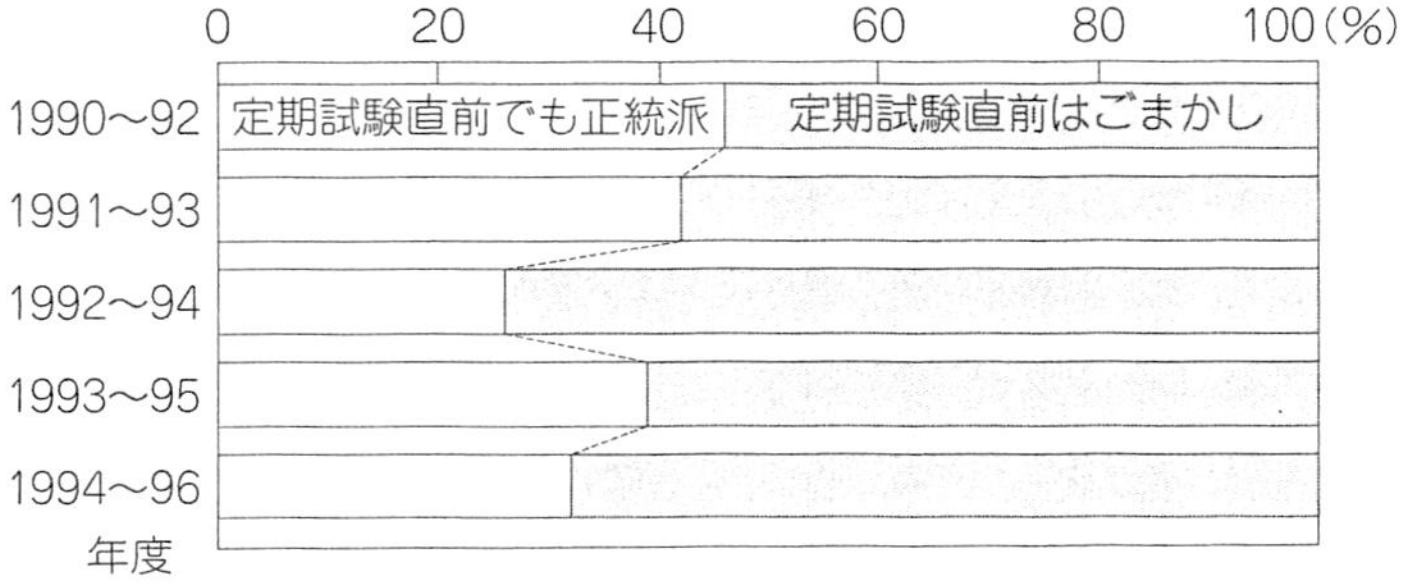

図6-3　日常的に正統派の学習を行っていた中学生の中で、定期試験直前にも正統派の学習をした人と、直前はごまかし勉強をした人の割合
（対象1253科目）

◎高校生

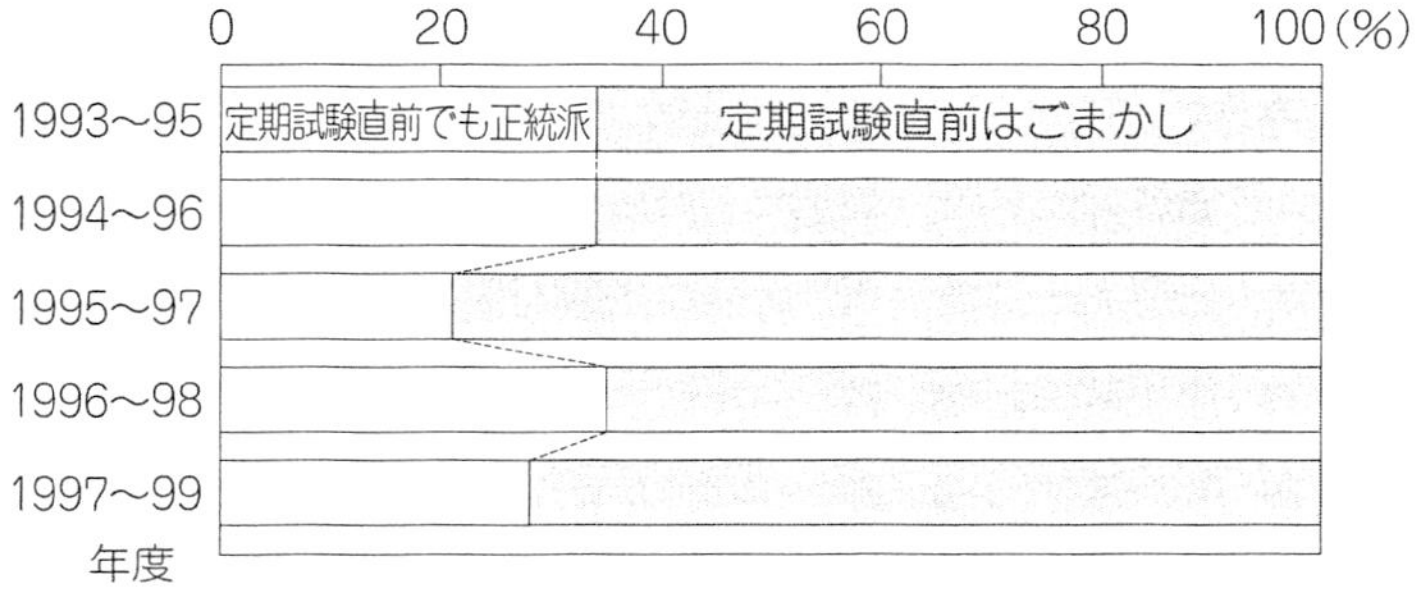

図6-4　日常的に正統派の学習を行っていた高校生の中で、定期試験直前にも正統派の学習をした人と、直前はごまかし勉強をした人の割合
（対象1117科目）

◎中学生

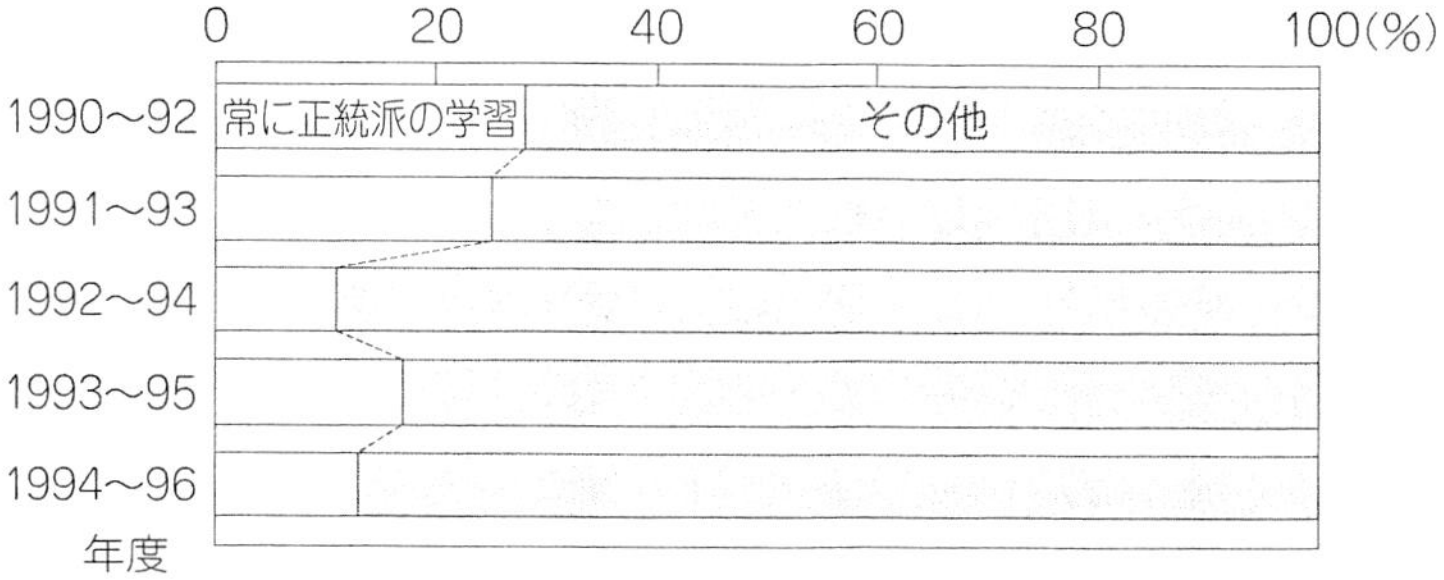

図6-5　定期試験直前など時間がない時でも正統派の学習を行った中学生の全体の中での比率

（対象2705科目）

◎高校生

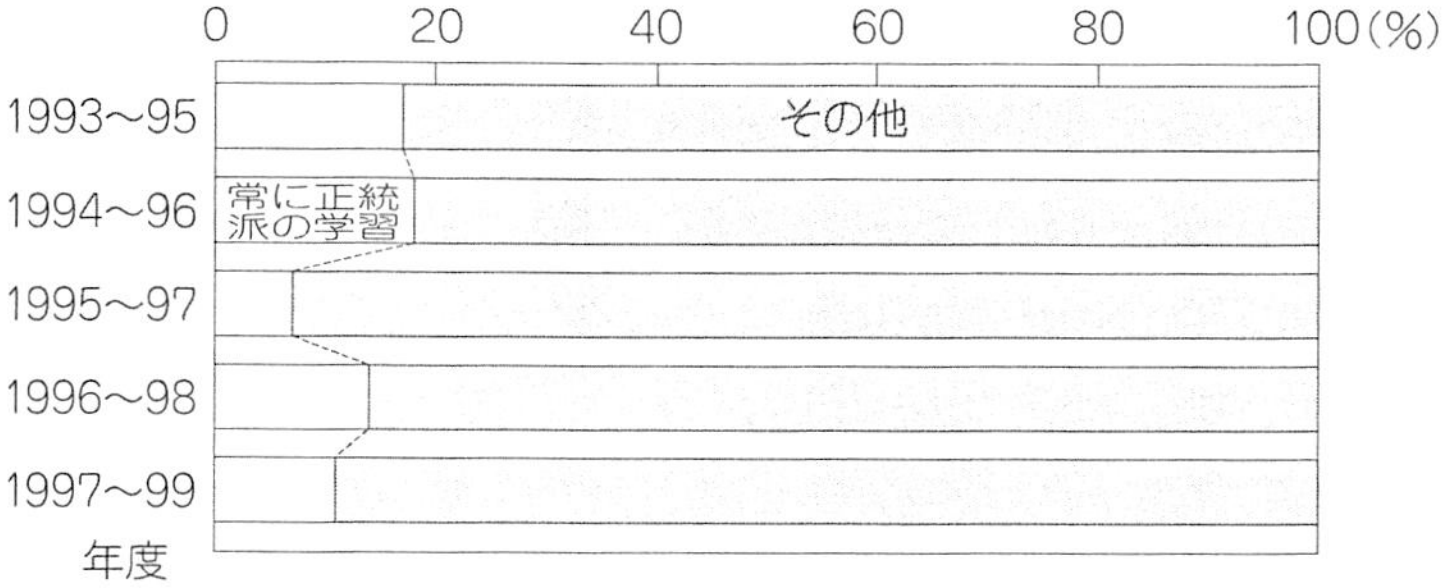

図6-6　定期試験直前など時間がない時でも正統派の学習を行った高校生の全体の中での比率

（対象2700科目）

このデータを図6-1、図6-2に組み合わせて、常に（定期試験の直前で時間がないときでも）正統派の学習を行っていた科目の、全体の科目の中での割合を表したのが、図6-5と図6-6です。七〇年代の子供たちが行っていたような正統派の学習は、中学生の間でも高校生の間でもどんどん行われなくなり、現在は一割位でしか実行されていません。このデータでも一九七九年生まれのところだけ、少し特異な結果が出ていることがわかります。

ごまかし勉強を当人はどう評価していたのか

さて、ごまかし勉強のみを行っている人達は、それが正しい学習方法だと信じて実行しているのでしょうか。それとも、本当はこんなことはおかしいと感じているのでしょうか。図6-7と図6-8が、それを調べた結果です。

人間は、一日二四時間三六五日公明正大に生きているわけではありません。突然の来客に慌てふためき、家の中で散らかっているものを押し入れに放り込んで、片づいている振りをして、来訪者の目をごまかすということもあるかもしれません。ちゃんとした判断力が備わっていて、必要から仕方なくごまかすという状態であれば、いざというときには正しいことができるのですから、心配することはないのかもしれません。しかし、それが正しいことだと信じてごまかすというのは、問題です。それによって学習観が形成されれば、将来必要になって自分で何か学習しようとしたときに、習得しにくくなりますし、親になれば

◎中学生

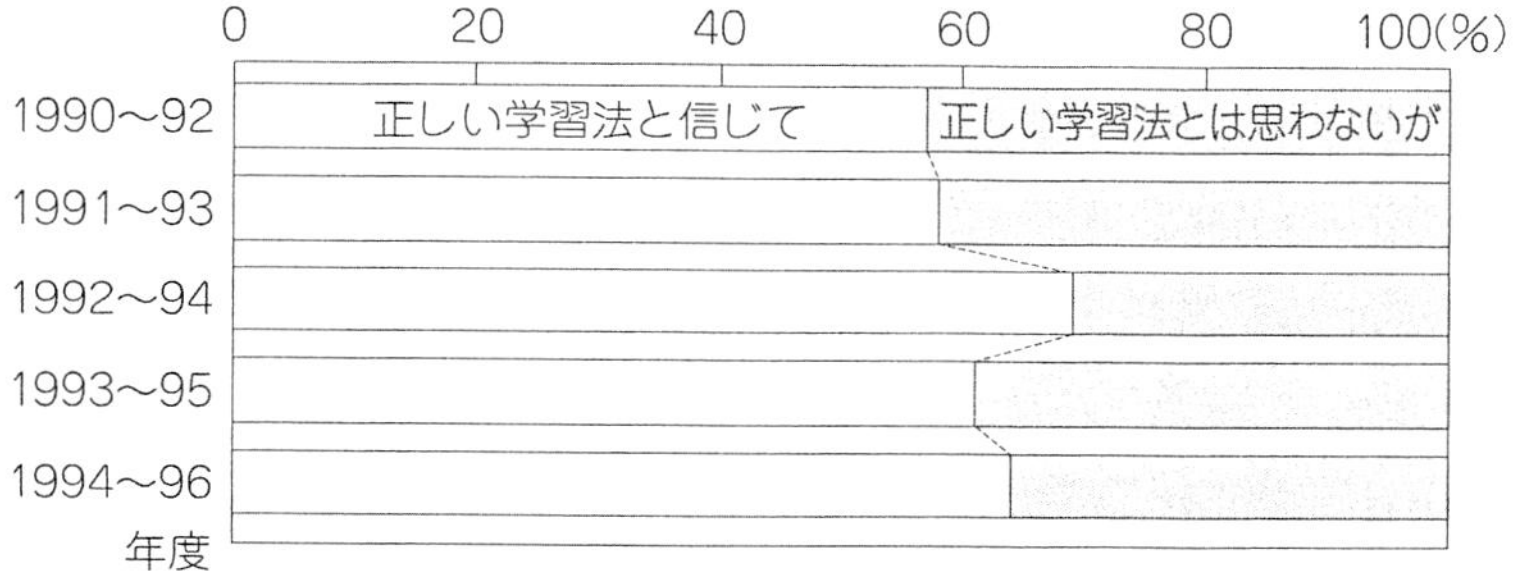

図6-7　ごまかし勉強が正しい学習法だと信じて実行していた率
（対象986科目）

◎高校生

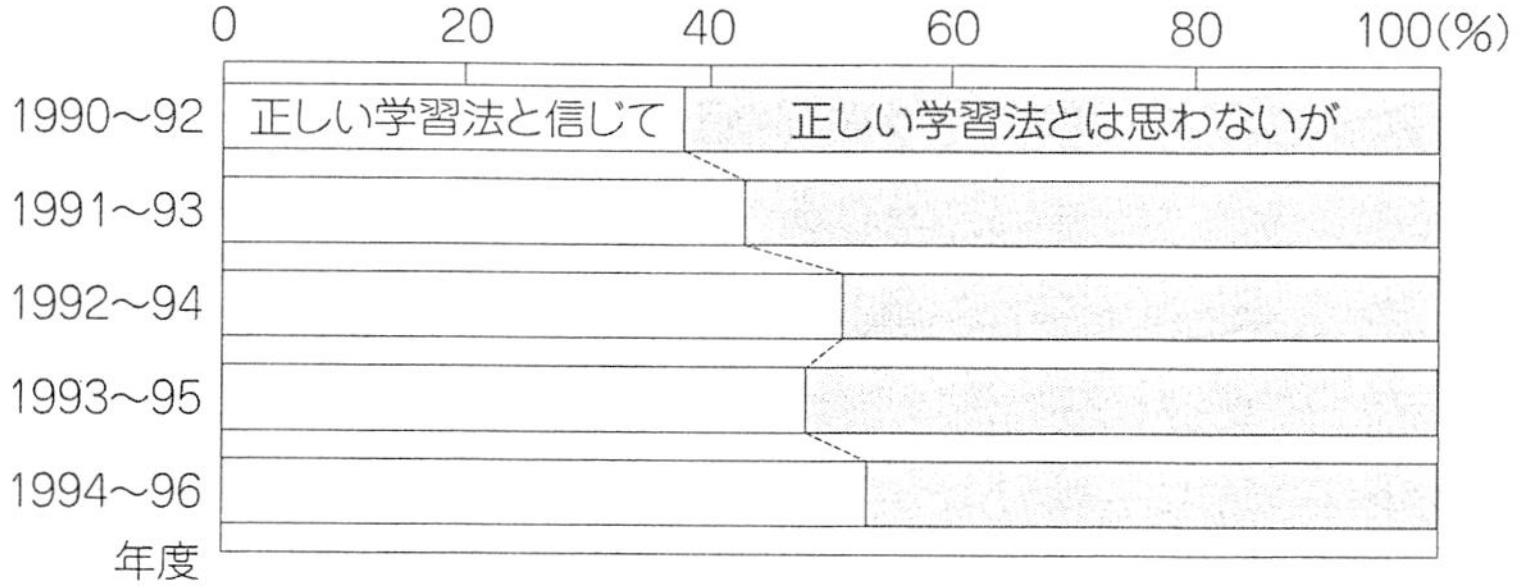

図6-8　ごまかし勉強が正しい学習法だと信じて実行していた率
（対象1024科目）

自分の子供にごまかしをさせるかもしれませんし、教師になれば自分の生徒にごまかしをさせてしまうかもしれません。かくして、ごまかしの拡大再生産が始まります。

図6-7や図6-8を見ると、「ごまかし勉強」が正しい学習法だと信じている率が着実に増え続けています。これをどのように読み取ったらよいのでしょうか。実はもう拡大再生産が始まっているのかもしれません。書店には、中学生高校生向けの学習法の本がかなり並んでいます。その中で学習塾の宣伝目的の本はひとまず除外して、著者の信念が語られている本のみを見ても、「ごまかし勉強」を堂々と奨めている本がかなりあり、これでは中学生や高校生が信じてしまっても無理はないと思います。中には大学教授の書いている本まであるので驚きます。ただし、ごまかし勉強を奨めるこのような本は、信念が威勢よく語られているだけで、主張を裏付ける研究やデータの紹介がないのが特徴です。中学生や高校生の読者の方は、何か本を読むときに、それが単なる著者の信念だけなのか、きちんとした裏付けがあるかを確認した上で、自分に採り入れるかどうかを判断されるようお勧めします。データなしの主張は、いくら活字になっていても友達の意見と重みが同じです。

ごまかしのきっかけ

さて、ごまかし勉強のきっかけは何でしょうか。少しでもごまかし勉強を経験した人にそのきっかけを尋ねました。まず予備調査として自由記述できっかけを調べ、その項目を参考に作った選択肢を質問紙に

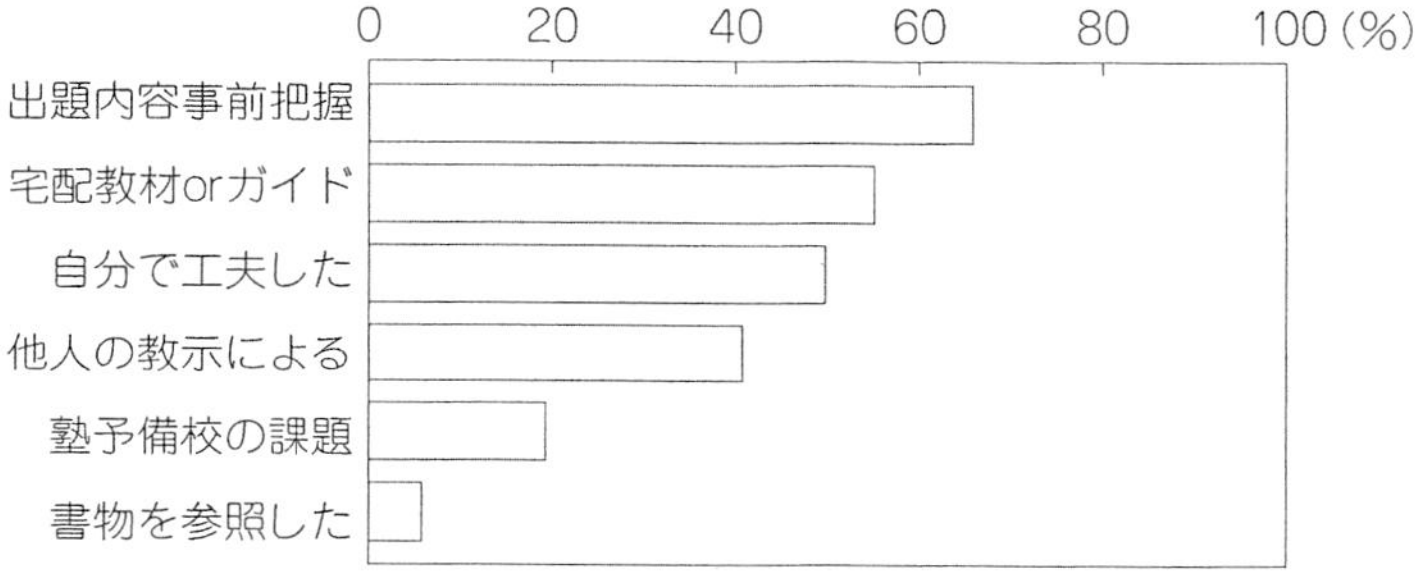

図6-9　ごまかし勉強を始めたきっかけ（複数回答可）
（対象243名）

並べ、複数回答を認めて本調査をしました。その結果が、図6-9です。私は宅配教材が一位だろうと予想していたのですが、この予想は見事に裏切られ、宅配教材や教科書ガイドは第二位でした。

そして驚いたことに、「学校の授業で、テストの出題内容があらかじめ教えられた」が一位になりました。確かに「授業で、テストの出題内容があらかじめ教えられ」れば、誰でもそこだけ暗記して切り抜けたくなりますね。私が生徒でもテスト直前にはごまかし勉強をしてしまうかもしれません。でも、こんなことが本当にあるのでしょうか。

読者の方々の中には、学習塾や予備校でごまかしのきっかけを与えられたという項目が上位だろうと予想された方もあるかもしれませんが、第12章で述べるように、ごまかし勉強は受験準備としては極めて効率が悪いので、成果を上げている多くの塾や予備校は、正統派の学習を奨めています。ただし塾や予備校の指導方針はいろいろですから、中にはごまかし勉強を奨めるところも当然あるだろうと思います。そんな状況で、第五位になっているのだと思います。

ごまかし勉強のきっかけの第四位は、「人からやり方を教わった」になりました。これも誰が教えたのかが気になるところです。そこ

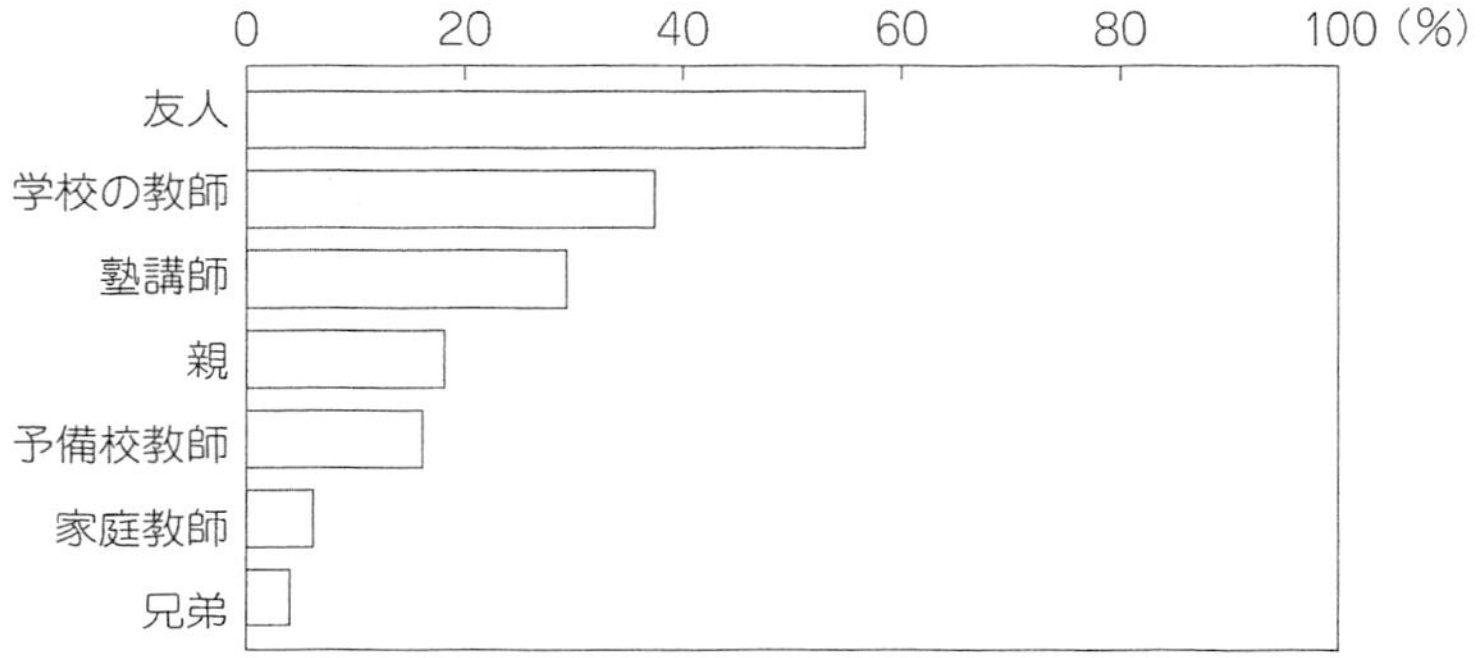

図6-10　誰からごまかし勉強の仕方を教えてもらったか（複数回答可）
（対象99名）

で次に「人からやり方を教わった」人を対象に、教えたのが誰かについても、選択肢を作って回答してもらうことにしました。その結果が図６‐10です。第一位が友人というのは、何となく納得がいきますが、ここでも第二位に学校の教師が登場してしまいました。この結果は、いったいどう理解したらよいのでしょうか。私も大学の教員ですから、同業者である中学や高校の教員のことをあまり悪く思いたくはありません。かといって、調査に協力してくれた人達が嘘を回答しているとも思えません。この結果を目の当たりにして、どう解釈したらよいか途方に暮れましたが、やはり、目をそむけずに事実を解明していきたいと思います。

世の中には、善意から出発した行動が裏目に出て、悪い結果を生んでしまうようなことがよくあります。たとえば、貧困にあえぐ国に対して、経済的に豊かな国が善意から経済援助や技術援助を行った結果、その被援助国の人達の労働意欲を奪ってしまい、かえって状況が悪くなることがあると聞きます。ですから、「テストの出題内容をあらかじめ教えてしまう」ということも、教師の側にそうせざるを得ない善意の状況があるのかもしれません。そして、出題内容の事前漏洩がごまかし勉強を生むという認識が教師にないのかもしれません。でも、いくら善意から発していても困るのは子供たちですから、何とかその状況までも解きほぐそうと考えました。現時点でわかったことは、第11章に詳しく書いてあります。

さて、正統派の学習をすることやごまかし勉強をすることの結果を、わかりやすく見ることはできないでしょうか。もちろん、学習直後に従来どおりのテストをしても、成績には正統派の学習とごまかし勉強の違いは現れません。もっと後で影響が出てくるようなことを利用して調べるしかありません。そこで、中学時代にどのような学習姿勢であったかということと、大学の専攻がどうなったかの関係を見ることにしました。

正統派学習の進路選択に及ぼす効果

ごまかし勉強では、その科目の学習内容が自分自身に蓄積されませんから、その関連分野を将来の自分の進路に結びつけていくことができません。これに対し、正統派の学習は内容関与的動機で取り組んでいますし、知識や技能が蓄積されていきますので、正統派の学習をした科目に関連した分野の進路を、より選びやすくなると思われます。

そこで、大学で文科系に進んだか理科系に進んだかということと、その人の中学時代の学習姿勢がどうであったかの関連を見ることにしました。もし、私がこれまで本書で述べてきたような二種類の学習姿勢の違いが、本当に重要な問題であるならば、正統派の学習を行った人とごまかし勉強を行った人で、結果に差が出るはずです。

つまり数学や理科を正統派で学習した人は、より理科系に進みやすくなるでしょうし、国語や社会を正統派で学習した人は、より文科系に進みやすくなると考えられます。英語に関しては、単純な予測がつきません。言語学や、英語で表現された文学作品に関心が向けば文科系になるでしょうし、伝達の道具としての英語、論理的な記号としての英語に関心が向けば、理科系でもおかしくはありません。

また、高校時代は、もうすでに自分の進路を決めている人が結構いますから、その進路によって、「これは受験科目でないから手を抜こう」というような判断も働く可能性があり、正統派の学習をすることが進路選択の原因というよりは、むしろ結果としての色彩が強くなるでしょう。その点中学生のほとんどは、自分が文科系か理科系かという判断もできませんし、学習内容を一から構築する時期でもありますから、中学時代にどのような学習姿勢で取り組んだかが、その科目に対するイメージを形成していく重要な鍵になると思われます。そういう意味で中学時代と大学の進路との関係を見ようとしたわけです。

実際に調べた結果が図6-11です。二つのグラフのうち、上の方が大学で理科系の学科を専攻し、下の方が文科系の学科を専攻した人達です。それぞれの科目を並べる順も、上二つを理科系、下二つ文科系の科目にしてみました。

結果は予想どおり、理科系に進んだ人の多くが、数学と理科については正統派の学習をする比率が高くなっています。また、社会と国語については、文科系に進んだ人達の中学時代の正統派の比率が高くなっています。したがって、正統派の学習をすることが自分の将来を形成していく基礎になるのだ、というこ

◎理科系

大学で理科系を専攻している人の中学時代（1991〜93年度在学）は
どの科目で、正統派の学習やごまかし勉強をしていたか（対象 115科目）

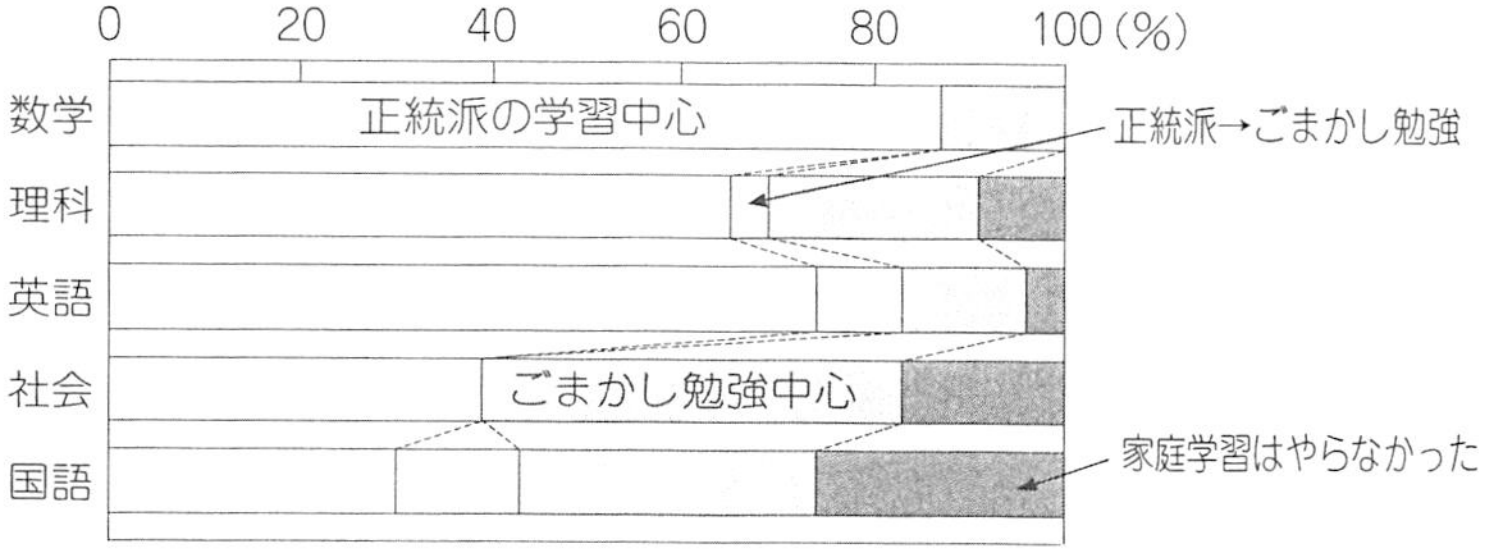

◎文科系

大学で文科系を専攻している人の中学時代（1991〜93年度在学）は
どの科目で、正統派の学習やごまかし勉強をしていたか（対象 250科目）

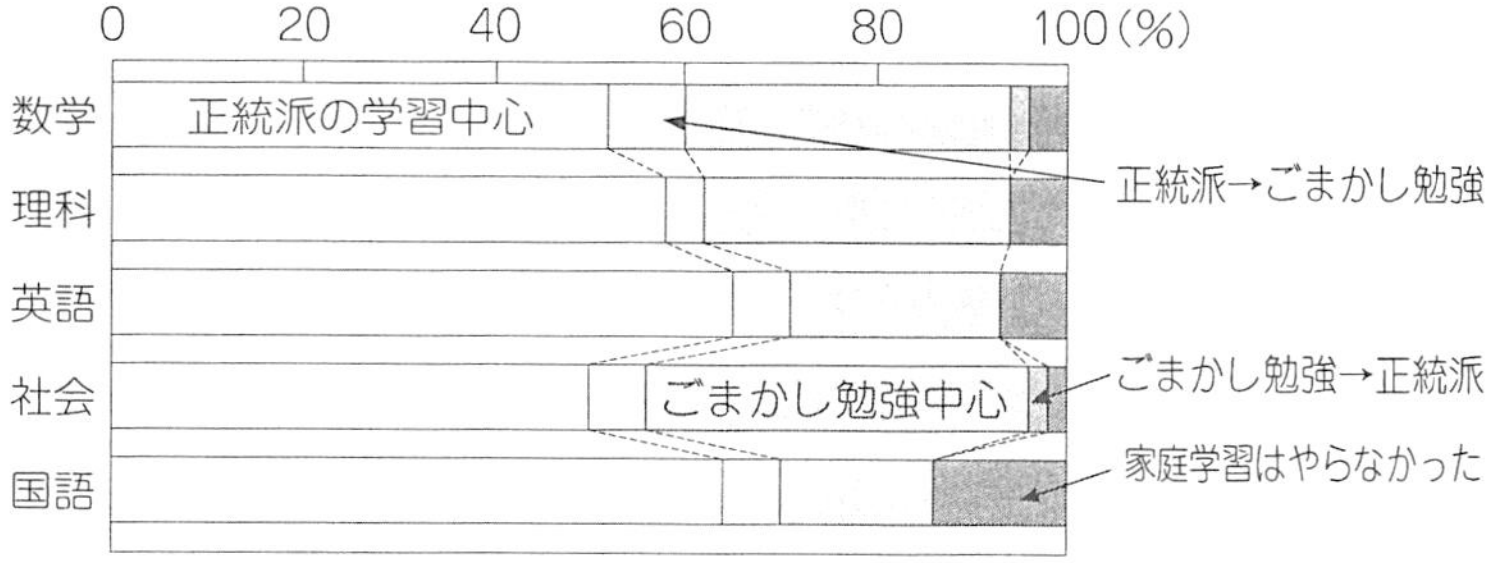

図6-11　中学時代の科目別正統派学習の経験と大学での専攻の関係

とがよくわかります。

英語の正統派学習をする率については、理科系が第二位、文科系が第一位になっています。英語は蓄積がものを言うので、ごまかしが長続きしにくいのかもしれません。また社会科は文科系でも理科系でも、ごまかし勉強率が一位になりました。もし、社会科の授業が、たくさんの事実を総合した上で現実の社会の問題を考えるような授業であれば、蓄積がものを言うでしょう。でも、言語的知識を暗記するだけの授業の場合には、学習単元が終了してテストも済んで次の単元に移ってしまえば、もう以前の単元の知識は使いませんから邪魔なだけです。こうなると、試験準備の方法としてはごまかし勉強がピッタリという判断も当然出てくるのでしょう。

その他の傾向

今回の調査の趣旨からははずれますが、この図からはその他のことも読み取れます。たとえば、文科系に進む人に比べて、理科系に進む人の方が、正統派の学習をするかごまかし勉強をするかの差が際立っています。五科目をまとめてしまうと、表6‐3ですでに見たように文科系理科系で差がないのですが、こうやって科目別にしてみると、理科系に進む人は、やるやらないがはっきりしています。役立つとなればきちんとやるし、無駄だと思えば学習をしないという判断だとすれば、実用志向の学習動機の人が理科系に多いのかもしれません。これに対し、文科系に進む人は科目による極端な差がありません。これは、と

◎男子

大学で文科系を専攻している男子の中学時代（1991～93年度在学）は
どの科目で、正統派の学習やごまかし勉強をしていたか（対象 140科目）

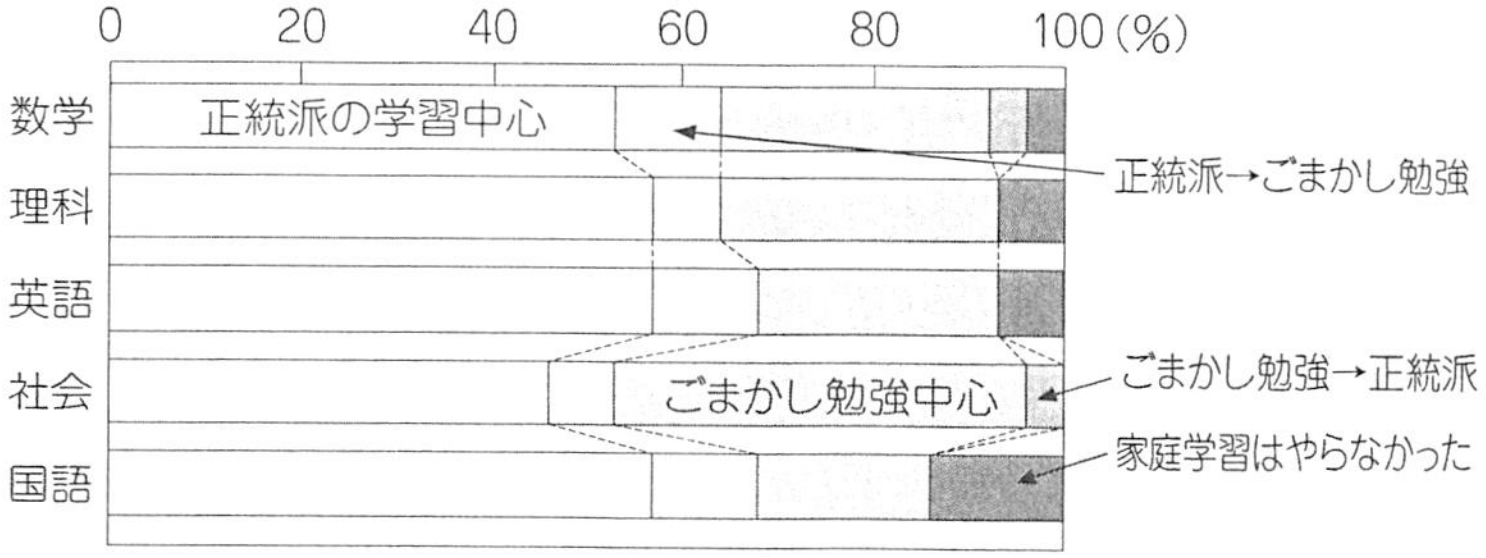

◎女子

大学で文科系を専攻している女子の中学時代（1991～93年度在学）は
どの科目で、正統派の学習やごまかし勉強をしていたか（対象 110科目）

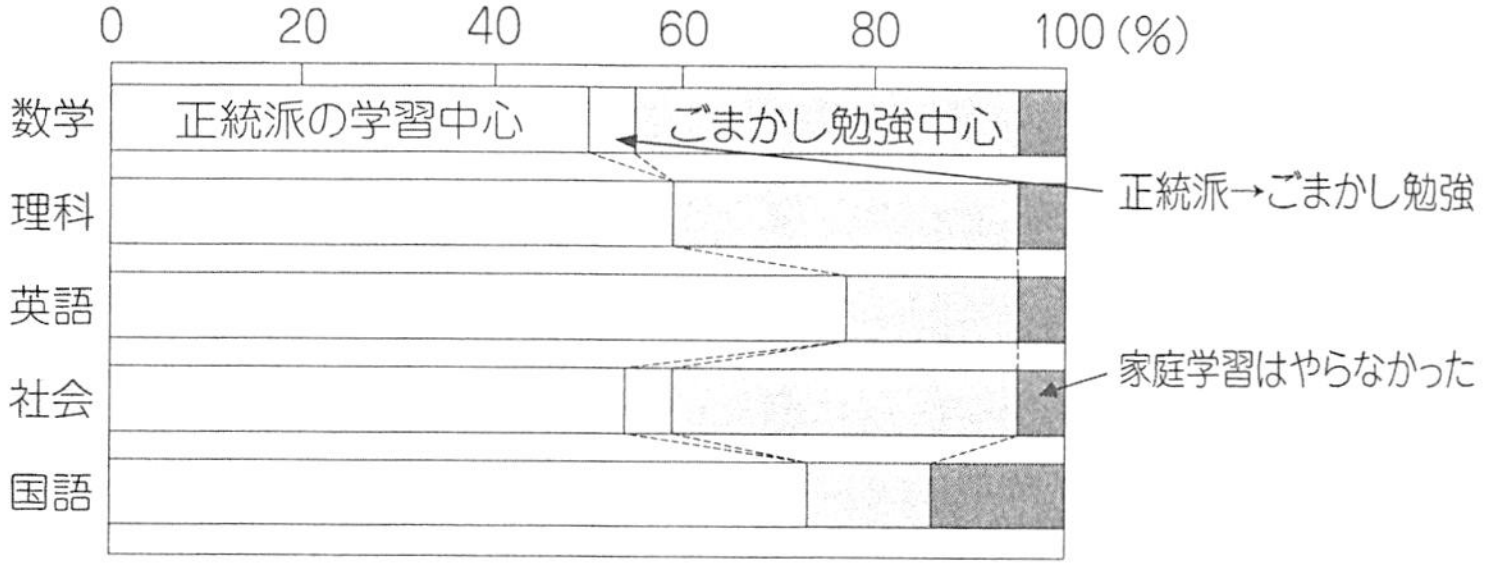

図6-12　中学時代の科目別正統派学習に見られる男女差

ても面白い傾向です。確かに、中学時代は自分で文科系理科系もまだ決まらない時期ではありますが、それは本人が自覚できていないだけで、実はもう発想に文科系理科系の差が出始めているということなのかもしれません。

もしこの推論が正しいとすれば、理科系に進むとしても国語や社会は将来必要な知識や技能がたくさん含まれていますから、国語や社会の教師が、授業の中に実用志向の人が喜びそうな内容をもっと盛り込むと、理科系に進むような中学生には、喜ばれるのかもしれません。

横道にそれたついでに、ごまかし勉強の男女差も、見ておこうと思います。表6-2で確認したように、科目を混ぜてしまいますと、正統派の学習をするのかごまかし勉強をするのかの男女差はありませんが、文科系理科系のときもそうだったように、科目別に見ると差が出てくるかもしれません。そこで、生まれ年度を一九七八年度に限定し、さらに専攻の影響が出ないように文科系の学生だけで男女差を見たのが、図6-12です。やはり男女差が出ています。男子は社会科でごまかし勉強をしやすいという以外、科目別の特徴があまりありません。これに対し、女子の方は、社会は男子と同傾向ですが、数学でごまかし勉強をしやすく、英語と国語で正統派の学習をしやすいという傾向になっています。だからどうこうということはないのですが、よく尋ねられますので関心をもつ方が多いと予想し、一応ここでも話題にすることにしました。

まとめ

結局本章で示したかったのは、図6-1に現れている「正統派の学習が減りごまかし勉強が増えている」という困った傾向です。この章の後半で比較に使ったのは、一九七八年度生まれですから、いくらごまかしが増えているとは言っても、まだ正統派の学習をする科目が半数以上ありました。したがって、あまり「問題ない」と思われた方もあるかもしれませんが、その後一九七九年度生まれから正統派の学習とごまかし勉強が逆転し、現在ではごまかし勉強が主流になりつつあるわけです。図6-7、8で見たように、ごまかし勉強が正しい学習法だと信じている人も着実に増えていますから、この調査後の現在の中学校は、これよりもっとひどい状態になっていることが推定されます。正統派の学習の復権のために、早く何か手を打たないと大変です。

著者紹介

藤澤伸介（ふじさわ　しんすけ）

学歴：慶應義塾大学大学院社会学研究科心理学専攻博士課程修了
学位：博士（心理学）（名古屋大学）
資格：応用心理士、学校心理士
専門：教育心理学・認知心理学
教歴：国立聴力言語障害センター、慶應義塾大学、お茶の水女子大学、東京学芸大学、名古屋大学大学院、立教大学大学院等（非常勤講師）、東京大学大学院附属学校臨床総合教育研究センター（客員教授）、教育総合研究所学力開発センター（代表、認知カウンセラー）、跡見学園女子大学文学部教授
Hammond Bay Elementary School (Canada) (School Intern)
関心：学問の面白さと有益さをいかに次世代に伝えるかに関心がある
趣味：海外取材旅行、装飾芸術（特に18世紀ヨーロッパの宮廷衣裳、建築、音楽に惹かれている）
主著：『「反省的実践家」としての教師の学習指導力の形成過程』（単著、風間書房）2004
『授業の知』（共著、有斐閣、2004）
『教育心理学の新しいかたち』（共著、誠信書房、2005）
『学校臨床心理学』（共著、北樹出版、2007）
『よくわかる教育心理学』（共著、ミネルヴァ書房、2008）
『言語力』（単著、新曜社、2011）

新曜社

ごまかし勉強（上）

学力低下を助長するシステム

初版第1刷発行　2002年3月25日
初版第5刷発行　2018年12月10日

著　者　藤澤伸介
発行者　塩浦　暲
発行所　株式会社 新曜社
〒101-0051
東京都千代田区神田神保町3-9
電話　03(3264)4973・FAX　03(3239)2958
E-mail: info@shin-yo-sha.co.jp
URL: http://www.shin-yo-sha.co.jp/

印刷・製本　株式会社 栄　光

ISBN 978-4-7885-0796-8　C1037

索　引

（下は下巻）

■あ行

ＲＬＡ　下34
暗記術　32
意図的学習　38
医の論理　下97
イメージ化　36,50,下8
色分け　52
音韻構造　下3

■か行

外発的動機づけ　45
学習観　41,42
学習参考書　119
学習動機　41,45
——の二要因モデル　46
学習の意義　29
学習方略　41,49
学習労役論　12
攪乱　51
学力低下　22
過剰学習　50
学校不要論　下40
活性化拡散モデル　34
家庭教師　下163
企業の論理　下95
教育の論理　下95
教科書ガイド　92,120
教訓帰納　51,下12
偶発的学習　38
系列位置効果　37
原因帰属　下113
検索方略　52
合格実績　下104
ごまかし勉強生成システム　27,下119

■さ行

再生テスト　38
再認テスト　38
シケプリ　100
自己効力　41,下113
事実の学習　107
受験圧力　86,下130
受験勉強　下147
焦点化　52
食中毒事件　下89
自律性　下82
深化学習　58,92
新学力観問題　下125
図解・表解　51
スキーマ　下155
成績別クラス編成　下108
精緻化方略　58
説明　51
戦争の論理　下97
創出システム　39,下157
相対評価　下130

■た行

体制化　49,下8
宅配教材　76,88
チェックペン　112
地下鉄サリン事件　下97

中途退学　5
通信添削教材　下100
詰め込み教育　25
定期試験問題　下121
定着　92
適性処遇交互作用　下108
転移　下85
動機づけ　45
トレーニング教材　76,92,下84,下100

■な行
内発的動機づけ　45
内容関与的動機　47,54
内容分離的動機　48,54
認知カウンセリング　下173
ネットワーク　34

■は行
発展学習　59,92
反復　50
不登校　3
報道の論理　下97

■ま行
無力感　53,下113
命名の学習　107
メタ認知　41,48,54
目標準拠　下131

■や行
有意味化　50
有意味学習　32

■ら行
臨界事故　下86

■わ行
ワークブック　92

注

第1章　勉強は、もううんざり

（１）文部省（2001）学校基本調査速報（図１‐１）
（２）文部省（1998）生活指導上の諸問題の現状と文部省の施策について（図１‐２）
（３）文部省（1999）第３回国際数学理科教育調査（追調査）中間報告（図１‐３）
（４）河井芳文（1987）勉強に対する興味の発達と指導　教育心理　35（4）（特集：勉強好きな子・嫌いな子）（図１‐４）
（５）国立教育研究所（1996）第３回国際数学理科教育調査（図１‐５）
（６）Koizumi, R., & Matsuo, K.（1993）A longitudinal study of attitudes and motivation in learning English among Japanese seventh-grade students. *Japanese Psychological Research, 35*, 1-11.（図１‐６）
（７）藤沢市教育文化センター（2001）学習意識調査報告書――藤沢市立中学校３年生・35年間の比較研究（図１‐７～9）
（８）ベネッセ教育研究所（1997）第５回国際教育シンポジウム報告書　別冊モノグラフ・小学生ナウ, 20-22.（図１‐10）
（９）国立教育研究所（1997）「中学校の数学教育・理科教育の国際比較――第３回国際数学・理科教育調査報告書」国立教育研究所紀要第127号
（10）ＮＨＫ放送文化研究所　国民生活時間調査　より作成（図１‐12）
（11）ＮＨＫ世論調査部編（1984）中学生・高校生の意識――受験・校内暴力・親子関係」日本放送出版協会　および　ＮＨＫ放送文化研究所（1993）放送研究と調査　より作成（図１‐13）
（12）苅谷剛彦（2000）受験プレッシャーは増大したのか？――教育改革における「ゆとり」路線の問題点　より。岡部・戸瀬・西村（編）小数ができない大学生　東洋経済新報社　所収（図１‐14）
（13）藤沢伸介（2001）最近15年間の大学生の四則演算の正確さの変化

跡見学園女子大学紀要　34, 69-76 より作成（図 1 - 15）
（14）日本教育心理学会　第41回総会（1999）　子供たちの学習経験を問い直す では、成績優秀者でさえも、実は学力が形骸的であることが多方面から指摘されました。

第 2 章　学習はどのように成立するか

（1）永野重文（1997）子どもの学力とは何か　岩波書店
（2）教育課程審議会（1998. 7. 29）幼稚園、小学校、中学校、高等学校、盲学校、聾学　校及び養護学校の教育課程の基準の改善について（答申）Ⅰ．教育課程の基準の改善の方針（1）教育課程の基準の基本的考え方（2）教育課程の基準の改善のねらい　文部省
（3）Ebbinghaus, H.（1885）*Memory.*（Trans.）Ruger, H. A. & Busserius, C. E.（1964）New York : Dover.
（4）Bower, G. H., Clark, M. C., Lesgold, A. M. & Winzenz, D.（1969）Hierarchical retrieval schemes in recall of categorized word lists. *Journal of Verbal Learning and Verbal Behavior, 8*, 323-343.
（5）Collins, A. M. & Loftus, E. F.（1975）A spreading-activation theory of semantic processing. *Psychological Review, 82*, 407-428.
（6）Bower, G. H.（1972）Mental imagery and associative learning. In L. W. Gregg（Ed.）*Cognition in learning and memory.* New York : John Wiley, 51-88.
（7）Slamecka, N. J., & Graf, P.（1978）The generation effect: Delineation of a phenomenon. *Journal of Experimantal Psychology: Human Learning and Memory, 4*, 592-604.
（8）Underwood, B. J.（1949）*Experimental Psychology: An introduction.* New York: Appleton-Century-Crofts.
（9）Jensen, A. R.（1962）Spelling errors and the serial-position effect. *Journal of Educational Psychology, 53*, 105-109.
（10）Estes, W. K., & DaPolito, F. J.（1967）Independent variation of information storage and retrieval processes in paired-associate learning. *Journal of Experimental Psychology, 75*, 18-26.
（11）Tversky, B.（1973）Encoding processes in recognition and recall. *Cognitive*

Psychology, 5, 275-287. に示されているように、単語リストを暗記するだけで直後に再認テストをする場合には、再生テスト用の準備をするより、再認テスト用の準備をしておいた方が有利な場合がありますので、常に再生用準備が有利というわけではありません。これは、再認テスト用の準備だと、短期記憶の貯蔵庫の容量が小さくても、特徴だけならたくさんの単語の分が入るためと考えられています。しかし、学習内容の大半は意味のあるひとまとまりを長期間憶えておく必要がありますので、やはり再生テスト用の準備の方が有利です。

(12) Bower, G. H., & Clark, M. C. (1969) Narrative stories as mediators for serial learning. *Psychonomic Science, 14*, 181-182.

(13) Schoenfeld, A. H. (1985) *Mathematical problem solving*. Academic Press.

(14) 馬場久志 (1996) 授業における教授・学習過程. 大村彰道 (編) 教育心理学Ⅰ. 東京大学出版会

(15) 梶田正巳 (1986) 授業を支える学習指導論ＰＬＡＴＴ　金子書房

(16) 西林克彦 (1994) 間違いだらけの学習論　新曜社

(17) Deci, E. I. (1975) *Intrinsic motivation*. New York : Plenum Press.

(18) Calder, B. J. & Staw, B. M. (1975) Self-perception of intrinsic and extrinsic motivation. *Journal of Personality and Social Psychology, 31*, 599-605.

(19) 速水敏彦 (1998) 自己形成の心理　金子書房

(20) 市川伸一 (1998) 認知カウンセリングから見た学習方法の相談と指導　ブレーン出版

(21) Krueger, W. C. F. (1929) The effect of overlearning on retention. *Journal of Experimental Psychology, 12*, 71-78.

(22) Bandura, A. (1977) Self-efficacy : Toward a unifying theory of behavior change. *Psychological Review, 84*, 191-215.

(23) 堀野・市川 (1997) 高校生の英語学習における学習動機と学習方略　教育心理学研究　45, 140-147.

(24) 市川伸一 (1995) 学習動機の構造と学習観との関連　日本教育心理学会第37回総会発表論文集　177.

(25) 精緻化方略の定義は、研究者によってかなり異なっています。ここでは、大村彰道の定義を採用しました。大村彰道 (1996) 記憶と文

章理解　大村彰道（編）教育心理学1．東大出版会
(26) 梶田正巳（1998）勉強力をつける——認識心理学からの発想　筑摩書房

第3章　中学生の家庭学習の変化

（1）文部科学省（2001）教育基本調査速報
（2）生徒や保護者はこのように受け取っていますので、このように表現してあります。実際、教師の側としてはそんな意図はなく、充分に本人の立場から応援しているつもりの方が多いと思いますが、相対評価に基づいて内申書を書いたりする立場にありますから、生徒や保護者には、自由にものが言えないという気持ちが、どうしても出てきてしまうのです。
（3）東京都公立中学校長会研究調査委員会（1976）中学教育の改善と高校入試をめぐる問題
（4）文部省大臣官房調査統計課（1977）全国の学習塾通いの実態：昭和51年度「児童・生徒の学校外学習活動に関する実態調査」速報　ぎょうせい
（5）図3-3は、後の図3-6と比較するという意図がありますので、項目の表現を若干変更したり、複数項目をまとめたりして表示してあります。複数項目をまとめた場合の数値は、平均値を表示しました。まとめたのは、「勉強がよくわかるようになる」「英語がわかるようになる」「数学がわかるようになる」を「科目の理解が深まる」とした点です。
（6）文部省（1993）学習塾等に関する実態調査　これと(4)から作成。
（7）社団法人日本ＰＴＡ全国協議会（1997）学習塾に関するアンケート
　ここでは、図3-3と比較しやすいように、表現を変えて表示してあります。学校の成績が良くなる→上げられる、学校より進んだことを教えてくれる→発展学習ができる、学習塾で教えてもらうとよくわかる→科目の理解が深まる、といった変更です。また「友達に負けまいと頑張る気持ちが起きる」という項目は、「進んで勉強する気持ちが起きる」という動機づけ項目に含まれる下位項目と考えられますので、割愛しました。数値も後者の方が大きいので、後者に

は複数の動機づけ項目が含まれていると考えられます。

（8）筒井勝美（1998）変革期の工学教育　日本工業教育協会・九州工学教育協会シンポジウム資料

（9）苅谷剛彦（2000）受験プレッシャーは増大したのか？——教育改革における「ゆとり」路線の問題点　岡部・戸瀬・西村（編）小数ができない大学生　東洋経済新報社

第4章　「ごまかし勉強」の意味と特徴

（1）「シケプリ」のルーツは、大阪音楽大学教授の井上英之氏によれば、1966年に東京大学の自治会活動の一環として始められたもののようですが、「ごまかし」が目的で作られたものでなく、授業内容に関する自発的学習会の討議素材であったそうです。これもやがてすたれ、最近では、全く逆の素材に変質しているわけで、まさに時代の変化を感じさせます。私は確認していませんが、開始当時の「シケプリ」は、深化学習、発展学習の内容も含まれていたといいますから、「正統派の学習」の結晶のような存在であったと考えられます。

（2）機械的暗記だと、せいぜい7単語前後の文までしか記憶できません。
Miller, G. A.（1956）The magical number seven, plus or minus two : Some limits on our capacity for processing information. *Psychological Review, 63*, #2, 81-96.

（3）市川伸一（1998）認知カウンセリングから見た学習方法の相談と指導　ブレーン出版

（4）動機づけ理論的に言えば、ごまかし勉強は「テストで高得点を取るための**手段**です」となるでしょう。本書では、動機づけ理論とは独立に学習行動を見ようとしています。

第5章　書店の学参売場から見える子供の変化

（1）1998年12月14日に官報告示された中学校学習指導要領では、理科でイオンについては扱わないことになってしまいました。もちろん指導要領は学習の最低基準ですから、教師の裁量で教えても構わないわけですが、高い達成度を目指して挑戦していけるような単元が、教科書からまたひとつ消えるのは残念に思います。

（2）藤沢伸介（2000）子供たちの学習の質的低下と学参出版傾向　フォーラム, 18, 122-137.

第6章　ごまかし勉強の実態に迫る

（1）初め中学生に直接調査を試みましたが、中学生段階ではなかなか自己の学習法を客観視できないこともあって、調査は困難を極めました。しかも、教科担任の影響を強く受けますので、どこでデータをとるかで結果に著しい差が出てしまい、全体の傾向を見ることができません。そこで、中学生から直接データをとることはとりあえず断念し、大学生でデータをとることにしました。大学生は、中学時代の自分の学習法をまだ覚えていますし、客観的に自分の傾向を見ることができます。そこで、合格者の平均偏差値の異なるいくつかの大学で、大学生を対象に調査を行いました。受験準備に関しては、どこの大学が対象かで結果にばらつきが出ましたが、平常の家庭学習に関しては大学による差が出ずに一貫した傾向を示しましたので、それをここに紹介してあります。家庭学習を全くしないという回答に、唖然とした方もあるかもしれませんが、合格者の平均偏差値が最高という大学の学生でも、中学高校時代にある科目の家庭学習を全くしなかったという回答が結構あります。相対評価でしか学力を判断しなければ全体のレベル低下に気づきませんから、「赤信号、みんなで渡れば怖くない」状態が生じているものと思われます。このままですと、「予習」「復習」という日本語が、死語になる日も遠くないのかもしれません。

（2）日本入試センター発行「代ゼミ　データリサーチ――入試難易度ランキング」の難易度ランクに示された偏差値は、A大学（65）、B大学（55）、C大学（45）です。